歴史探索のおもしろさ

近世の人々の歴史観

伊藤 純

和泉書院

目次

Ⅰ　新たな史料から見える世界

1　新たに確認された摂津国風土記逸文

はじめに

『続日本紀』和銅六年（七一三）五月甲子、

畿内と七道との諸国の郡・郷名は、好き字を着けしむ。その郡の内に生れる、銀・銅・彩色・草・木・禽・獣・魚・虫等の物は、具に色目を録し、及び土地の沃塉、山川原野の名号の所由、また、古老の相伝ふる旧聞・異事は、史籍に載して言上せしむ。

この命によって諸国の風土記が撰上された。不完全さを残しながらも今に伝わる風土記は、常陸国・出雲国・播磨国・豊後国・肥前国の僅か五箇国である。しかし、この五箇国の風土記は、古代社会の様相を復元する際に、極めて重要な史料となっていることは言うまでもない。大阪の地を生活の場とする者にとって、摂津国風土記が散逸してしまったことは、極めて残念なことである。

散逸してしまった風土記の逸文の採集については、武田祐吉氏[1]（以下、「武田本」と略称）によって頂点に達したと言える。その後刊行された秋本吉郎氏校注による『風土記』[2]（以下、「秋本本」と略称）によって、今に伝わる五箇国の風土記とともに、逸文の集成、研究について大きな益を得ている。

本節では、武田本・秋本本をはじめとして、久松潜一氏の校注による日本古典全書『風土記』[3]（以下、「久松本」と略称）、吉野裕氏の訳による『風土記』[4]、水野祐氏の『入門・古風土記』[5]（以下、「水野本」と略称）での逸文集成や、近年の風土記研究の新たな歩みである『風土記研究』[6]での成果を踏まえつつ、これまでの逸文集成では漏れていると思われる摂津国風土記[7]を紹介したい。

さらに、これまでの逸文研究で示されている見解についても、いささかの検討を加え、諸氏の叱正を仰ぎたい。

一　未紹介の逸文

摂津国風土記の逸文らしきものが引かれているのは、寛政元年（一七八九）の序をもつ『神趾《しんし》名所《めいしょお》小橋車《ばせぐるま》』という書物である。この書物には武田本・秋本本には見えない摂津国風土記からの引用らしき史料がでてくる。

A　摂津国風土記曰大小橋山松杉完料佳亦茯苓細辛並奇石金玉等出之云々

B　風土記に吹江と書けるは今の深江なり

C　摂津国風土記曰難波高津者天稚彦天降臨之時属天稚彦而降臨天探女乗磐舟而至于此以天磐舟泊故号高津云々

Aの記述は出雲国風土記にしばしばでてくる山野の産物の列記と似ている[8]。しかし、出雲以外の四箇国の風土記にはこのような産物の列記のしかたは見られない。しかも、これまでに集成された二〇に満たない摂津国風土記の逸文との比較からだけでは、Aのような産物の記述方法が摂津国でなされたと断定することはためらわれるが、風土記には本来産物を記載すべきことは和銅六年の命に示されているので、[9]むしろ、Aの史料はこの命に合致しているのであり、古代の摂津国風土記の逸文であるとの論拠とすることもできよう。

Bは風土記の引用ということではなく、風土記に「吹江」と表記されている地名は現在（『神趾名所小橋車』の成立した一八世紀）の深江であるという解説である。したがって、摂津国風土記に「吹江」に関する記述があったことが推定される。

Cはこれまでの逸文集成で掲げられている「高津」の史料と酷似している。「高津」の史料は『続歌林良材集　上』[10]が典拠とされている。ここで逸文「高津」についての先行研究を見てみたい。典拠とされている『続歌林良材集　上』では次のようにある。

津国風土記に云難波高津は天稚彦天下りし時天稚彦に属て下れる神天の探女磐船に乗じて爰に至る天磐船の泊る故を以て高津と号すと云々

この『続歌林良材集　上』の引く「高津」は、武田本では第三類（原文を省略し又は書き下し文に改めたもの）となっている。秋本本では、この史料について、

国名風土記に同じ記事があり、古代の風土記の記事とは認められない。

とある。久松本でも古代の風土記の逸文とは認めていない。[11]水野本では「古風土記の逸文でないもの」の一つとして「高津」の史料をあげている。

この「高津」については秋本本の解説に対応する『国名風土記』の記述は次のとおりである。[12]

摂津国トハ。天照太神ノ業饒尊ヲ。天ヨリ地ヘクダシタテマツリ玉フ時。天探女尊付テ下サセ給時ニ。カノ探女天ノ鳥舟ニノッテ翔シ。其渡舟難波津ニトマルニ仍テ。カノトコロヲ尊敬シ。高津ト号ス。ユヘニ此国ヲ摂津ト号ス。

『続歌林良材集　上』と『国名風土記』とを比較すると、文意は同じであるが、それぞれの成立時期は『続歌林良材集　上』は延宝五年（一六七七）[13]、『国名風土記』は一八世紀以降である。[14] 両書の成立順序から『国名風土記』の編纂時に既にあった『続歌林良材集　上』を見ていると考えるのが自然であり、秋本本の解説をそのまま受け入れることはできない。したがって、『続歌林良材集　上』に引かれる「高津」の史料は『国名風土記』とは別に考えるべきであろう。

一方、逸文「高津」と『神趾名所小橋車』が引くCの史料とを比較すると、摂津→津、曰→云、降臨→下りし、舟→船、此→爰というように、いくつかの文字の違いが指摘できる。さらに、史料Cは漢文であり、『続歌林良材集　上』が引く「高津」の史料とは決定的に異なる点である。このことから『続歌林良材集　上』の「高津」と『神趾名所小橋車』のCの史料との間には別の系譜を想定することも可能であろう。

二　『神趾名所小橋車』について

このように『神趾名所小橋車』にはこれまでの知られていなかった摂津国風土記に関連する史料が見

られる。

ここで摂津国風土記の逸文らしき史料を伝える『神趾名所小橋車』について紹介したい。私が見たのは原本ではなく、大阪府立中之島図書館に蔵されている写本である。巻末には、難波高津神社に秘蔵されていた本書を、明治三二年（一八九九）に書写した旨が記されている。巻頭には寛政元年（一七八九）の序があり、成立年は明らかである。

　小橋郷天磐船泊釈聖観編輯

とあり、編者は聖観という人物である。彼の死後墓碑が建てられた[15]。この墓碑は安政年間（一八五四〜五九）に成立した『摂津名所図会大成』巻六に「僧聖観之碑」として登場することから[16]、彼の死後あまり時を経ない時点で建立されたものと思われる。この碑文によって、延享二年（一七四五）から享和（一八〇二）に生きた人物であることが分かる。

碑文には

　為二誌三巻一

とあり、『神趾名所小橋車』に対応する記述がある。

本書は現在の比売許曽《ひめこそ》神社（大阪市東成区）が所在する周辺地域の地誌、上中下三巻の書物である。写本では、上巻六六丁、中・下巻五〇丁弱、下巻の後半には附録として「摂州闕東生郡難波大社比咩語曽神社年中祭事記」が記されている。

地名ごとに参考となる関連史料を掲げ、考証を加える。関連史料が見当たらない地名には聖観自身の文が記されている。引用されているのは『日本書紀』が最も多く、その中でも仁徳紀が多くを占めている。他に引用されているのは『万葉集』『古事記』『続日本紀』『三代実録』『日本文徳天皇実録』『延喜式』などがあるが、それぞれ一、二箇所で引用されているにすぎない。一方「〇〇曰」とされている史料でも、他所には見えないものや、『摂津名所図会』『摂津名所図会大成』しか登場しない信頼をおきかねるものもある。

次に、『神趾名所小橋車』と、その後に成立した書物との関係を見たい。先に述べたように、『摂津名所図会大成』は『神趾名所小橋車』の編者聖観の墓碑を伝えているばかりではない。巻六の東成郡の記述では『神趾名所小橋車』からの引用がいくつか見られるのである。「大伴山守」の項では、

寂聞庵聖観律師云…（中略）…神趾小橋車

とある。「八幡山」の項では、

聖観律師云……

とある。「胞衣塚」の項には、

小橋車ニ云……

とあり、『摂津名所図会大成』が『神趾名所小橋車』を参照していることが分かる。また、先に紹介したこれまでの逸文集成に漏れる史料Aについても『摂津名所図会大成』では「大小橋山」の項で同じ文が引かれ、Cについては「天探女……」以下の後半部分が引かれている。さらに、他の史料引用についても『摂津名所図会大成』は『神趾名所小橋車』にしか登場しない史料から孫引きしたと判断できる箇所がいくつか見受けられる。このように『摂津名所図会』や『摂津名所図会大成』と先行書『神趾名所小橋車』との関係を見ると、当時における本書への評価の一端が窺える。

しかし、『神趾名所小橋車』の編者聖観については「霊蹤蟄碑《れいしゅうのしゅうひ》」[17]の発見、解読の背景をふくめ、否定的な見解が出されている[18]こともおさえておかなくてはならない。

まとめにかえて

秋本吉郎氏は風土記の逸文らしき史料の信頼度をはかるために、

①　漢字書きか、仮名混じりか。
②　原典名をどのように表記しているか。
③　原典での記載位置を明記しているか否か。
④　原典の記載を忠実に引用しているか。
⑤　原典の引用であっても、省略しているか否か。

という基準を設定し、各逸文を検討し、それらを（イ）古風土記からの直接引用、（ロ）先行書からの孫引きの引用、（ハ）別種の「風土記」と称する書物からの引用、（ニ）「風土記」以外のものからの引用、というように撰別された。さらに、風土記記事の引用書を年代順に整理し、南北朝を境に原典からの直接引用と認められるものが一例もなくなることを明らかにされた[19]。秋本本では以上のことをふまえ、古代の風土記の逸文と認められるもの、逸文として疑わしいもの（存疑）、逸文とは認めがたいもの（参考）と分類されている[20]。

このような逸文研究の成果をふまえ『神趾名所小橋車』で引用されている摂津国風土記の逸文らしき

A・B・Cの史料の信頼度を検討してみたい。

『神祉名所小橋車』の成立が寛政元年（一七八九）であることがA・Cとも古代の風土記の逸文と速断できない大きな弱点である。しかし、これまで仮名混じり文として引かれてきた「高津」と同意の史料Cが、漢文として引かれていることは無視できない事実である。延宝五年（一六七七）に成立した『続歌林良材集　上』に引かれている史料を、聖観が漢文として体裁を整えたとするには、先に指摘したように、いくつかの文字が異なっていることから考えにくい。『続歌林良材集　上』が参照したのとは別本の「摂津国風土記」が存在していて、聖観がこれを見ていることが考えられる。[21] この別本「摂津国風土記」に「大小橋山」に関する記述もあったものと思われる。この「摂津国風土記」は漢文で書かれていて、Aの史料によると、和銅六年の命にある各地の産物についての記述もなされていたことが推定される。Bの史料によると「吹江」についての記述もあったことが推定される。

しかし、秋本氏の精密な研究成果を踏まえる限り、A・Cの史料とも古代の風土記の逸文とする決定的な論拠を欠くと言わざるを得ず、『続歌林良材集　上』が参照したのとは別本の「摂津国風土記」なる書物が江戸時代中頃に存在していたのでは、ということに本節の結論をとどめざるを得ない。

註

（1）武田祐吉編『風土記』（岩波書店　一九三七年）。
（2）秋本吉郎校注『日本古典文学大系2　風土記』（岩波書店　一九五八年）。
（3）久松潜一校註『日本古典全書　風土記』上・下（朝日新聞社　一九五九～六〇年）。

(4) 吉野裕訳『風土記』(平凡社東洋文庫　一九六九年)。
(5) 水野祐『入門・古風土記』上・下(雄山閣　一九八七年)。
(6) 風土記研究会『風土記研究』(一九八五年創刊)。
(7) ○○風土記とあっても全てが古代の風土記からの引用でないことはこれまでに明らかにされてきたところである。なお、谷沢修「畿内国風土記の成立」(『駿台史学』六四　一九八五年)の成果も参考にさせていただいた。
(8) 出雲国風土記、秋本本一一六・一五八・一七二・二一〇・二二〇・二四四頁に見える。
(9) 秋本吉郎「風土記における産物と地味の記載」(『風土記の研究』ミネルヴァ書房　一九六三年)。
(10) 『続々群書類従』による。
(11) 『日本古典全書　風土記』下に収める「逸文」と「風土記逸文一覧」は小野田光雄氏の担当とある。
(12) 『続々群書類従』による。
(13) 武田祐吉編『風土記』の「諸本解説」による。
(14) 中丸和伯「日本得名」(『群書解題』続群書類従完成会　一九六一年)によると、『国名風土記』は別名「日本得名」ともいい、宝永六年(一七〇九)から享保一七年(一七三二)の間に最終的に成立した書物である。
(15) 井上正雄『大阪府全志』第二巻(一九二二年)によると、もと味原池の東畔に立てられていたが、一九一八年の墓地取払いによって小橋寺町の大円寺に移されたとある。
(16) 『浪速叢書』第七(浪速叢書刊行会　一九二七年)による。
(17) この碑を最も早く伝えるのは一八世紀末に成立した『摂津名所図会　巻三』であろう。銘文は次のようである。

等由良宮治天下天皇二年甲寅歳
次夏四月承国政君命補高津之

宮皇居荒廃地於石花女開西丘
白鴨御池上大小橋山地以石墻畳之
者即永保天下聖趾安固萬世霊
蹤故也
奉行左大史摂津上官臣武夫麿
　埴土庋　日東

この碑について早く適切な批判を加えたのは明治三二年（一八九九）の「高津御宮跡取調書」（『大阪編年史』一巻　大阪市立中央図書館　一九六七年）に所収されている飯田武郷氏の以下の見解であろう。

　高津宮霊蹤甃碑ノ文ト云モノ、甚タ疑ハシキモノニテ、中ニモ、石花女闢・白鴨御池等ノ名称、他に見合スベキモノナシ。奉行左大夫云々モ、豊浦宮ノ頃ニ有ヘキ官名ニ非ズ。埴土庋《つちくり》日東ナド、何ノコトトモ心得難シ。

(18)　否定的な見解の最たるものは瀧川政次郎「比売許曽神社偽書考」上・中・下（『史迹と美術』二八―六～八　一九五八年）であろう。しかし、聖観が偽造したとする見解が多い「霊蹤甃碑」は『神趾名所小橋車』にはでてこない。なお、瀧川氏は『神趾名所小橋車』を実見していないようである。

(19)　秋本吉郎「風土記逸文の検討」（『風土記の研究』所収）。

(20)　以上の秋本吉郎氏の風土記逸文研究の成果は、谷沢修「畿内国風土記の成立」で簡潔にまとめられており、参照させていただいた。

(21)　享保七年（一七二二）に幕府に献納された多くの書物の中に「摂津国風土記」があるらしく、聖観がこの系統の本を見ている可能性もあろう。早川万年「風土記逸文の採択と日本総国風土記」（『風土記研究』四　一九八七年）。

2　四天王寺蔵　大和国牒をめぐって

四天王寺に奈良時代末の宝亀年間（七七〇〜八一）の年紀をもつ文書が蔵されている。既に赤松俊秀氏によって紹介されている文書ではあるが、(1) この程熟覧する機会を得たのでその結果を報告する。また、四天王寺に入った経緯についても少しながら情報を得ることができたので記しておく。

本紙一枚のもので、縦二九・五cm、横四九・八cmの大きさである。(2) 全面に「大和国印」が二四箇押されている。印は天地・左右とも六・一cm前後の方形である。裏打ちがなされている。裏面を見ると、表装されていたものから裏打ちの紙ごと剝がされたものであることが判る。右端の裏面は五mmの幅で、左端の裏面には三mmの幅で糊の痕跡がある。糊の部分には金切箔が付着している。文字は奈良時代特有の力強い筆である。

国牒　川原寺三綱
　合施入田肆町　元故従四位下佐味朝臣宮位田
　　十市郡路東廿二條三山部里九麻生田一町
　　八葛野田一町　廿三條二耳梨里卅五画工田一町

三上藤里二柏原田一町
牒被民部省今月廿日符偁被太政官
去三月廿八日符偁川原寺三綱牒云石
樋池処之代所請如件者右大臣宣奉
勅依請施入者省宣承知准　勅施行
有国宜承知依件施行者今依符旨施
入如件今以状牒
宝亀八年六月廿九日正六位上行少目桜井田部宿祢
外従五位下行介伊勢朝臣　子老
正六位上行大掾大原真人　烈公
正六位上行少掾船連　住万呂

「大和国印」が押されており、自署もあることから、正文と判断できる。表装のためか天地は裁断されており、上端と下端の文字に切られているものがある。なお、一〇～一一行目の「施入如件」は筆致が異なるようにも見える。

赤松氏は『弘福寺領田畠流記』(3)の

……
石樋池処処代田施入牒一巻三枚
一枚大和国司踏国印　一枚民部省踏省印
一枚国符十市郡司白紙　並宝亀八年

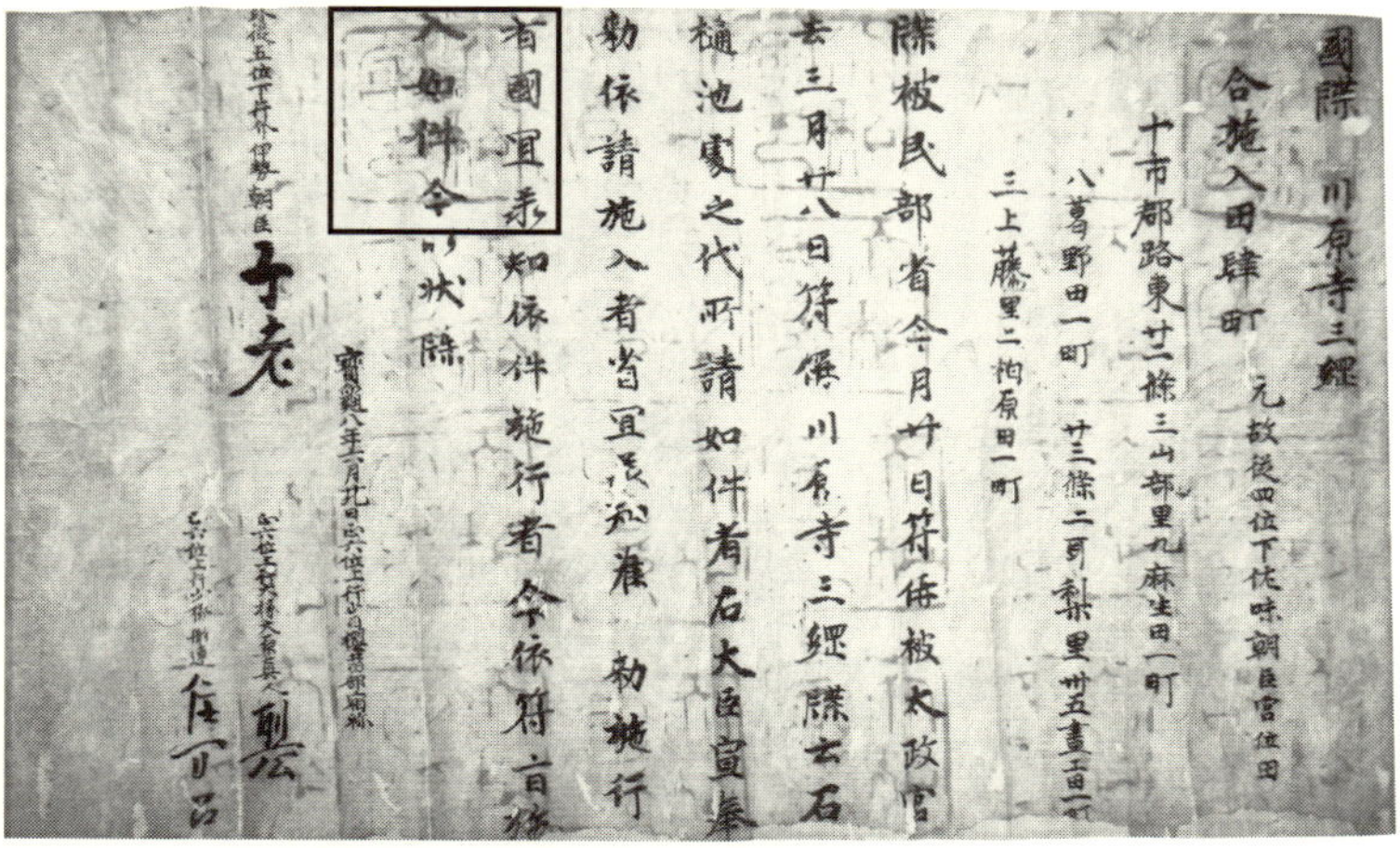

宝亀 8 年 6 月29日大和国牒（四天王寺蔵）

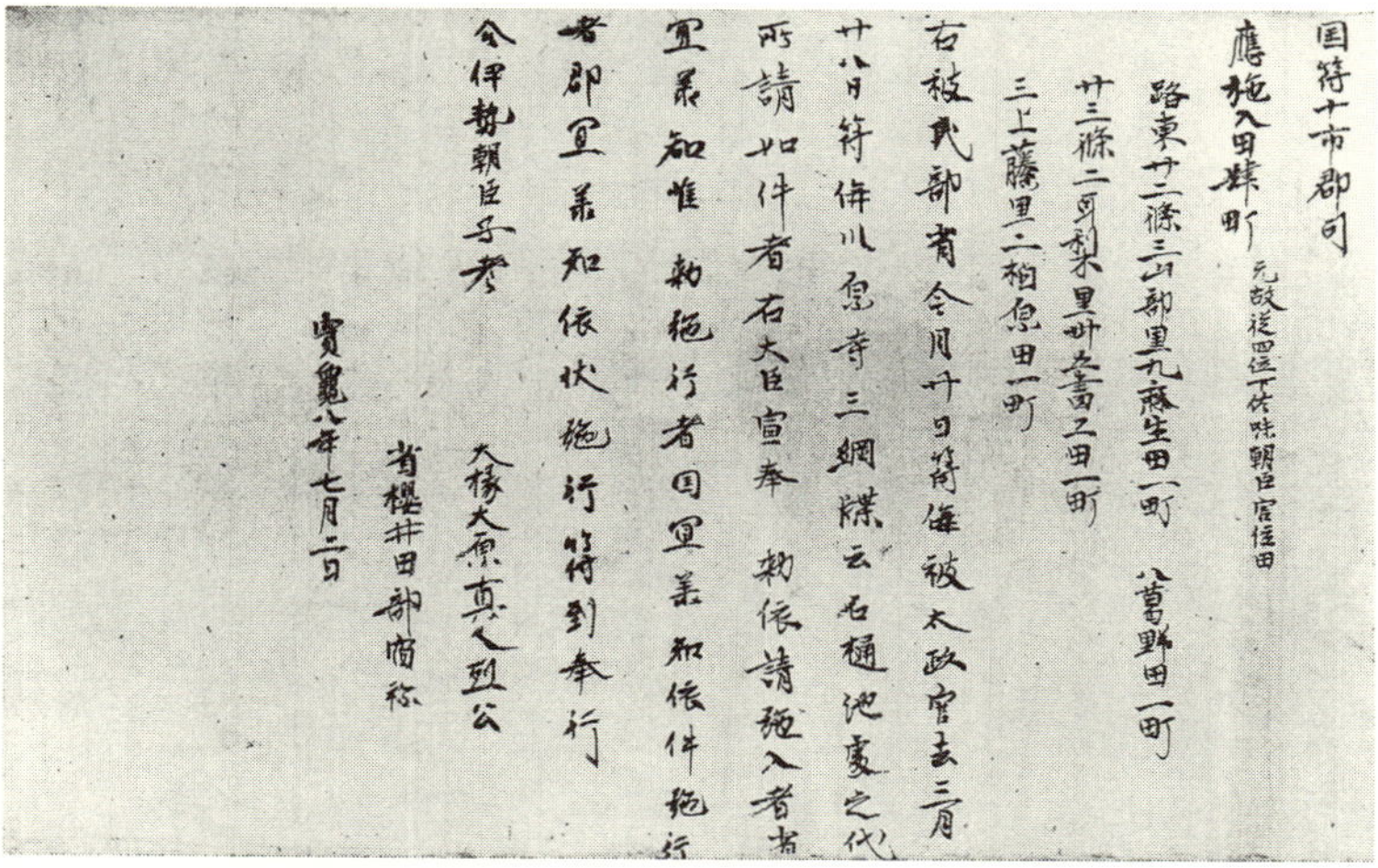

大和国牒案（東寺文書礼12）（上島有編著『東寺文書聚英』同朋舎出版1985より）

……

に着目し、ここに見える「一枚大和国司踏国印」をこの文書にあてている。他の二枚「一枚民部省踏省印」は宝亀八年（七七七）七月二三日の民部省牒で信濃安藤文書として『大日本古文書』六巻五九八頁に、「一枚国符十市郡司白紙」は宝亀八年七月二日の大和国符（案）で「東寺文書札12」として『大日本古文書』六巻五九七頁や、『東寺文書聚英』(4)に掲載されているものとする。

『弘福寺領田畠流記』に記される、三通が一巻として巻子になった形で、明治の頃まで伝わってきたものが流出したのであろう。流出して安藤文書となったものが『大日本古文書』六巻に入っていることから、六巻が刊行された明治三七年（一九〇四）以前にこの巻子が東寺の外へ出ていたことがわかる。昭和四〇年前後の東寺文書の流出事件以前(5)に流出していた文書である。

「大和国印」（前頁上段「大和国牒」の枠囲み部分拡大）

　この文書が四天王寺に流入した経緯について赤松氏は「現存の東寺文書では、大和国符案のみが存在し、大和国牒と民部省牒は早く寺外に出た。…（中略）…現在当寺蔵の大和国牒は最近発見され寺有に帰したものである。」と述べる。私が流入過程について最近知り得たことは以下のようである。

　昭和三〇年代に古書市に出たものをある方が購入した。その後、四天王寺と懇意であった方（購入者とは別）の紹介によって四天王寺が購入したとのことである。この情報からも昭和四〇年前後の流出事件以前に流出していたものであることが分る。

おそらく明治の初め頃に東寺の外に流出した一本の軸が、一本のままで売り買いされず、一紙ごとに買い手がついたのであろう。宝亀八年七月二三日の民部省牒は市中に出た直後に人の知るところとなり『大日本古文書』に収録された。この宝亀八年六月二九日の大和国牒は昭和三〇年代まで識者の目にとまることなく、四天王寺に入ってから、「四天王寺の書籍」として昭和四三年に公刊されることとなった。残る一紙、宝亀八年七月二日の大和国符は、印のない案文であったことが幸いしたのか、巷間で好まれなかったようで、東寺に戻り「東寺文書礼12」の文書となっているのである。

「大和国司踏国印」（四天王寺蔵）、「民部省踏省印」（安藤文書）[6]、「国符十市郡司白紙」（東寺文書礼12）を『弘福寺領田畠流記』の記す一巻の状態に戻し、いにしえに思案の遊びをしたいものである。

註

(1) 赤松俊秀「四天王寺の書籍」（『四天王寺』秘宝三巻　講談社　一九六八年）。
(2) 赤松氏の紹介では縦二九・四cm・横四九・五cmとある。
(3) 『大日本古文書』二三巻六二三〜四頁。宝亀八年の項として掲げられているが、年月日が不明の文書である。
(4) 上島有編著『東寺文書聚英』（同朋舎出版　一九八五年）。
(5) 上島有『東寺文書』（思文閣　一九九八年）二五〇・二八六頁他。
(6) この宝亀八年七月二三日の民部省牒は昭和二八年二月に一〇万円（当時）の価格で再び市中に出たようである（『弘文荘善本図録』上　弘文荘　一九九七年）。

3　覚峰著『難波津宮幷大郡小郡考』について

一　難波宮研究で未紹介の書

難波宮をめぐる研究は、江戸時代以来、地名考証によって所在地比定を中心に行われてきた。昭和二九年（一九五四）から始まった発掘調査によって、考古学からの研究も進展し、膨大な研究が蓄積されている。時々に詳細な文献目録が公刊されており、後学の助けとなっている。『難波津宮《なにわづのみや》幷《ならびに》大郡《だいぐん》小郡考《しょうぐんこう》』は大谷治孝氏の作成された目録[1]に漏れており、あるいは現在の難波宮研究では知られていないものかもしれず、概要を紹介したい。

二　本書の書誌

『難波津宮幷大郡小郡考』は天理大学附属天理図書館に蔵されており、書誌は同図書館の目録[2]に詳しい。

難波津宮并大郡小郡考　写一冊
覚峰著　自筆　袋綴　改装後補朽葉色布目表紙　原装共表紙　二四・五糎　一六・五糎　左右双辺一九・五糎　一三・五糎　九行罫紙　二十一丁　外題左肩「（書名同）覚峰上人稿本」原外題左肩書名同「高木家蔵」等
奥書　寛政九丁巳十月／駒谷麦飯仙識（印）

著者は「覚峰」、寛政九年（一七九七）に書かれたものである。現在の表紙には「高津宮大郡小郡考覚峰上人稿本」とある。しかし、これは目録にあるとおり、改装された表紙に記されたものであり、本来の題名ではない。中扉にあたる部分には「高津宮并大郡小郡考」、本文の一行目には「難波高津宮并大郡小郡考」とある。

覚峰は享保一七年（一七三二）に生まれ、文化一二年（一八一五）八四歳で没する。墓は河内駒谷（現大阪府羽曳野市）の金剛輪寺にある。契沖四世の孫弟となり、十数冊の著作がある。(3)「高木家蔵」の印があり、天理図書館に入るまで高木利太氏の許にあった。高木家の目録(4)では、本書の題名を現表紙に記された「高津宮、并大郡小郡考」としている。このことから、表紙の改装は高木氏が所蔵する以前に行われたと考えられる。

「天理図書館蔵」と「高木家蔵」印の他にもう一つの印がある。判読しづらいが、強いて読むとすれば「好尚堂図書記」であろうか。本書が成立した寛政九年（一七九七）以降で「好尚堂」らしき人物をさがせば、碧川好尚《みどりかわよしひさ》があげられる。文化四年（一八〇七）に生まれ、文政五年（一八二二）に平田篤胤に入門している。充分な追跡は出来ていないが、本書を蔵していた可能性がありそうな人物である。

三　覚峰の地名考証

本書は難波地域の地名を考証した研究書である。本文の冒頭に「難波高津宮幷大郡小郡考」とあるとおり、高津宮の考証と、大郡、小郡の考証、「附録」からなる。高津宮の考証、次に大郡の考証、そして小郡の考証といったように、きれいに順序だてて記述されているのではなく、同じような内容が所々にでてくる。以下、大雑把ではあるが、覚峰の考えを見てみたい。

『日本書紀』仁徳紀に見える難波高津宮は大江の岸の高所とし、上町台地上に高津宮を比定する。具体的には、

　農人橋、広小路、安国寺坂の辺に高津宮の旧誌在といふ

と述べる。また、高津宮は大郡《おおごおり》宮とも呼ばれ、この大郡は後の東生郡とする。

小郡《おごおり》は大郡に対しての名称で、中世以降欠郡となる百済郡が小郡の後身と述べる。『摂津志』（一七三四年）の小郡＝西成郡説を排する。百済郡の三郷、東部郷は平野の中野村、南部郷は南田辺、西部郷は桑津阿倍野のあたりとする。

異国からの客に応対する難波館は、小郡（後の百済郡）に置かれたとする。この難波館は、鴻臚館《こうろかん》や大別王寺《おおわけおう》と同じとも述べる。小郡に置かれた鴻臚館は、後に大郡に移され修理され国府となる。国府の場所については『摂津志』の安国寺坂の上にありという説に賛意を示す。

おわりに

『難波津宮幷大郡小郡考』（一七九七年）は、今日の研究成果と直接的に比較すればいくつもの弱点を指摘出来るが、先行する『摂津志』（一七三四年）を参照しながらも、これをただ引き写すのではなく、独自の研究によって、批判すべきは批判し、取り入れるべきは取り入れた、覚峰の真面目さが見られる書物である。

大郡⟷小郡という対比を考え、小さな郡を百済郡とする見解はなかなか面白い。しかも百済郡（小郡）に外交施設の難波館（鴻臚館）が置かれていたとする図式は、成る程とうなづいてしまう。

覚峰はややおくれて『高津宮旧蹟考《たかつのみやきゅうせきこう》』（一八〇〇年）という書物も記している。この『高津宮旧蹟考』については一般にも知られていたようである。[5]吉井良隆氏の紹介[6]を参照すると、本書『難波津宮幷大郡小郡考』とは全く異なるものである。

江戸時代の書物を、いくら探して読んでみたところで、細かく分化した今日的な研究テーマの回答は得られるものではない。しかし、心して先人の足跡をたどることによって、いかにして歴史の事実を共有化してきたのか、あるいは先行研究に対する態度を知ることによって、現在の我々が得るものは少なくない。

さらに覚峰の著作を「発見」し、読んでみたいものである。

註

（1）大谷治孝「難波宮関係著作文献目録」（『難波宮と日本古代国家』塙書房　一九七七年）。これ以降では『大阪の考古学文献目録』（大阪市史料調査会　一九八五年）がある。
（2）『天理図書館稀書目録　和漢書之部』第三（天理大学出版部　一九六〇年）。
（3）『国書人名辞典』一巻（岩波書店　一九九三年）による。
（4）高木利太『高木家家蔵日本地誌目録』（一九二七年）。
（5）竹山真次「所謂『大坂橋』に就て」（『上方』二一　一九三二年）で「釈覚峰の高津宮旧蹟考」と出てくる。
（6）吉井良隆「『高津宮旧蹟考』」（『大阪府立図書館紀要』二　一九六六年）。

4　難波往古図の背景

「難波往古図」と呼ばれる一連の地図がある。かなりの種類の図が流布しており、分類・研究もなされている(1)。記述内容から最も古い、祖本とも言うべきものは玉置豊次郎氏が紹介しているものであろう(2)。

河州雲茎寺什物之図也　所々為蠹魚　所蝕因　所闕所名不少

とあり、河内の雲茎寺《うんきょうじ》(3)の什物であったことが分かる（以下、「雲茎寺本」）。

左を北にして、下（西）側に海を配している。大川らしき流れに架かる〔渡辺橋〕の南詰あたりには〔熊野一ノ王子〕、そこから右（南）へ目を遣ると〔四天王寺〕、さらに右には〔クマノ二ノ王子〕、そこから先は〔熊野道〕となる。〔四天王寺〕の上（東）側には〔堀江〕なる流れ溜りがある。淀川らしき川の名称は〔近江川〕とあり、この川に〔大和川〕が流れ込んでいる。

この図には作者や制作年、過去のいつの時代を表しているのかは記されていない。しかし、宝永元年（一七〇四）に開削された新大和川は描かれていない。この地図は、それ以前の情報が盛り込まれていることは明らかである。

古典研究の偉大なる先人本居宣長大人《うし》（一七三〇〜一八〇一）は『古事記伝』三五巻「高津宮上巻」

で、

上本町通安曇寺町筋の民家の後に小祠ありて今に宮跡と云伝へたり。これ高津宮の跡なり。天満社司渡辺氏の家に蔵る難波の古図を以て考るに此処にあたるべし

と、仁徳帝の高津宮《たかつのみや》の考証にあたって、天満社の渡辺なる人物が持っていた「難波の古図」を見ているのである。

宣長大人が信を置き、『摂津名所図会』などにも登場する「難波往古図」ではあるが、実証的・合理的思考が強くなる近代社会になると厳しい意見があびせられる。吉田東伍、喜田貞吉、岡部精一らの集中砲火である。[4] 彼等は、明治三二年（一八九九）に行われた仁徳天皇千五百年祭にあたってなされた高津宮跡の探索と「確定」された地点に異議を唱えた人々である。[5] 強引に「確定」されてしまった高津宮跡、その探索過程で利用されたのが「難波往古図」のどれかであった。そのため、多くの人の非難が「難波往古図」に集中したのである。後の世の人が「難波往古図」を利用し、その結論が正しくても、誤っていようとも、「難波往古図」自身にとっては与り知らんことである。まして「此等の図が好事家の手によりて、想像上より作られ、或は恐くは、為にする所ありて故意に偽作又は変造せられたるもの」という評価[6]は言い過ぎである。

「難波往古図」が誤っている、論者によっては偽作という最大の根拠は、上（東）側から上町台地を横断して下（西）に広がる海に流れ込む数本の川が描かれていることによる。上町台地を横断する流れなどありえないので偽物だと。「雲茎寺本」の作者は、和気清麻呂（七三三〜九九）が主導した大治水工事、

荒墓の南より河内川を導きて、西のかた海に通さむ。然れば、沃壌《おくじょう》益広くして、以て墾闢《こんへき》すべし
（『続日本紀』延暦七年三月条）

という記事を下敷きに、上町台地を貫く川があったことを考えたのだろう。しかし、清麻呂の意図した治水工事は、

河内川を鑿《うがつ》て直に西海に通す。水害を除くを擬《はか》る。資する所巨多し。功遂に成らず。
（『日本後紀』延暦一八年二月条）

とあり、完成には至らなかった。清麻呂の工事が失敗したことを記す『日本後紀』は、散逸していて、塙保己《はなわほき》一《いち》（一七四六～一八二一）一門によって発見され、印行されたのは寛政一一年（一七九九）のことである。宣長大人も『日本後紀』発見、印行以前の知識によって「難波の古図」を見ていたのである。

「雲茎寺本」にはこの図の所有者であった雲茎寺自体の記述はない。雲茎寺が自らの立場を主張する意図をもって作った図ではないことは明らかである。寛政一一年以前に『古事記』『日本書紀』をはじめとする歴史書を見ながら地名考証をし、その結果を表現したのが「雲茎寺本」である。今日の研究水準から見て過去の研究成果に誤りが認められたとしても、それをもって偽作とか変造という評価を下すことは適切ではない。

「難波往古図」、少なくとも「雲茎寺本」は、歴史を欺くために偽作されたというようなものではない。研究材料の乏しい中で、史料を読み、それによって導き出された結論を地図として表現したものである。「雲茎寺本」、その後の「難波往古図」を熟覧することは、近世大坂人の歴史認識を知る手がかりになる。

註

（1）上杉和央「近世における浪速古図の作成と受容」（『史林』八五―二　二〇〇二年）では一一六枚の浪速古図を紹介、分類している。
（2）玉置豊次郎『大阪建設史夜話・大阪古地図集成』（大阪都市協会　一九八〇年）に複製図が所収されている。
（3）大阪市東住吉区に雲茎寺あり。井上正雄『大阪府全志』（一九二二年）によれば万治元年（一六五八）の創建。
（4）吉田東伍「高津宮址　附難波堀江」（『歴史地理』二―二　一九〇〇年）。
喜田貞吉「難波沿革図の偽作」（『歴史地理』二―七　一九〇〇年）。
岡部精一「仁徳天皇の高台に就きて」（『歴史地理』三―二　一九〇一年）。
喜田貞吉「偽作難波図の害毒」（『歴史地理』三―五　一九〇一年）。
（5）伊藤純「近代大阪における歴史の創造――仁徳天皇千五百年祭をめぐって」（『大大阪イメージ』創元社　二〇〇七年）。
（6）喜田貞吉「難波沿革図の偽作」（『歴史地理』二―七　一九〇〇年）。

5　摂津国百済郡の記憶

一

古代の史料に散見される摂津国百済郡《くだら》は、中世には姿を消す。最近、近世の史料の中に百済郡があることを知った。議論のある古代の百済郡を考えるためには直接の材料とはならないが、ここに紹介し、いささか気づいたことを述べてみたい。

一つは大阪市西区勝光寺に伝わる「絹本著色蓮如画像」の裏書である。

本願寺釈宣如（版刻花押）

寛永十三丙子朞仲冬十四日　書之

蓮如上人真影

摂州百済郡衢壌村

勝光寺常住物也

願主釈慶存

勝光寺は寛永元年（一六二四）に慶存が建立し、寛永一三年（一六三六）に寺号が下付されたという。(1)この画像はまさに寺号が下付された時のものである。ここに見える「衢壌《くじょう》」は、林羅山が命名したもので、賑やかに街の栄える土地の意という。ただし、後に延宝年間（一六七三〜八一）の洪水の際に、京九条家と書いた木笏が流れ着いたので「衢壌」という難しい文字に弱っていた土地の人たちがこれを借用して地名を「九条」に改めたと伝えられている。(2)「衢壌村」＝九条村は摂津国西成郡に属する村である。したがって、この蓮如画像を伝える勝光寺は創建以来移転することなくこの地にあったことは確実である。本来なら西成郡と書くべき地名を百済郡としているのである。

二つめは「難波往古図」での記載である（図1）。同系統のいくつかの絵図があり、最も古いとされているのは江戸時代前期の作とされる「河州雲茎寺什物」とある絵図である。(3)

この系統の絵図はよく知られており、制作年代をめぐって議論されてきたが、百済郡の史料としては着目されたことはなかったようである。図1に示すように「阿倍野」の西方、海岸に位置する勝間村（現大阪市西成区）との間に百済郡の注記がある。この図に描かれている松虫塚や帝塚山との位置関係から、現在の西成区の玉出、住之江区の粉浜のあたりを百済郡と考えているようである。百済郡の注記として次のようにある。

百済郡　是ヨリ西二里余之間
仁徳帝之御宇□
湖ニテ流西海ニ入ル東部
西部

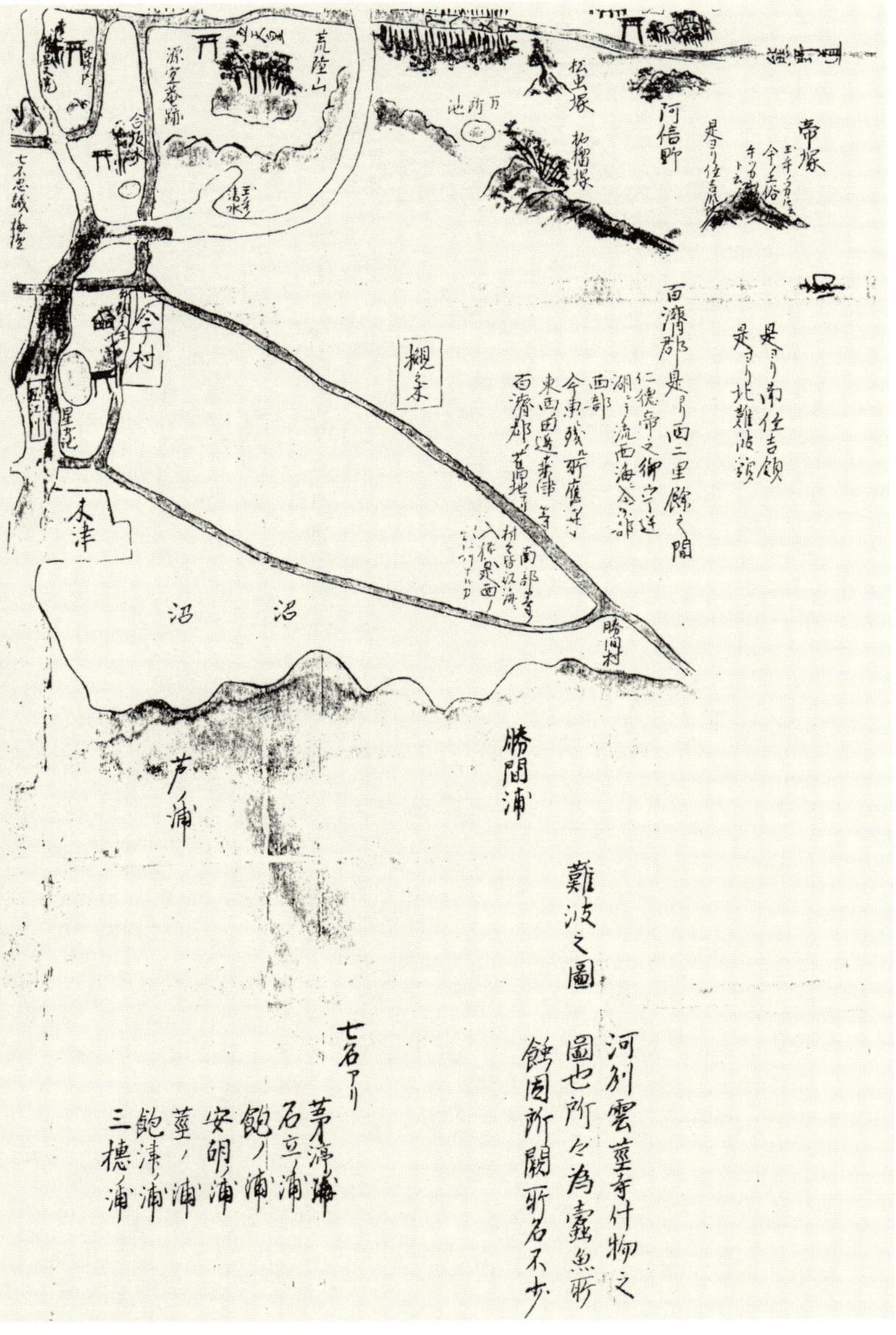

図1　難波往古図（部分）（玉置豊次郎『大阪建設史夜話・大阪古地図集成』大阪都市協会1980より）

今東ニ残ル所旧□□
東西ノ田辺桑津等
百済郡ノ旧地ナリ
南部等ノ
村々皆以海ニ
入候是西ノ
□□何ナルカ

この絵図で百済郡とされる現西成区や住之江区は、明らかに住吉郡の範囲である。ここに百済郡をもってきたので、南部郷は海の中となってしまった。他の説明も文意はとりにくいが、東田辺・西田辺・桑津が百済郡の旧地であると述べている。田辺や桑津の地は百済郡の注記のあるあたりではない。注記の位置と説明の内容が大きくズレてしまっているのは、百済郡の位置を住吉郡内に求めてしまったことが原因である。

二

摂津国百済郡は、六六〇年に滅亡した百済国から日本へ亡命してきた王族が難波の地に居住したことを契機に建郡されたという、特殊な歴史をもつ郡である。建郡の時期については『続日本紀』天平六年（七三四）三月一六日条、難波宮に供奉せる東西の二郡は今年の田祖調を、自余の十郡は調を免ず。

という史料と、『和名抄』の記す摂津国の一三郡を比較し、天平六年（七三四）の段階では百済郡は成立していなかった可能性が高いことが指摘されてきた。しかし、霊亀元年（七一五）と考えられる長屋王家木簡に「百済郡南里」が確認されたことによって、百済の王族が日本に居住した六六四年に近い頃まで建郡の時期はさかのぼると思われる。

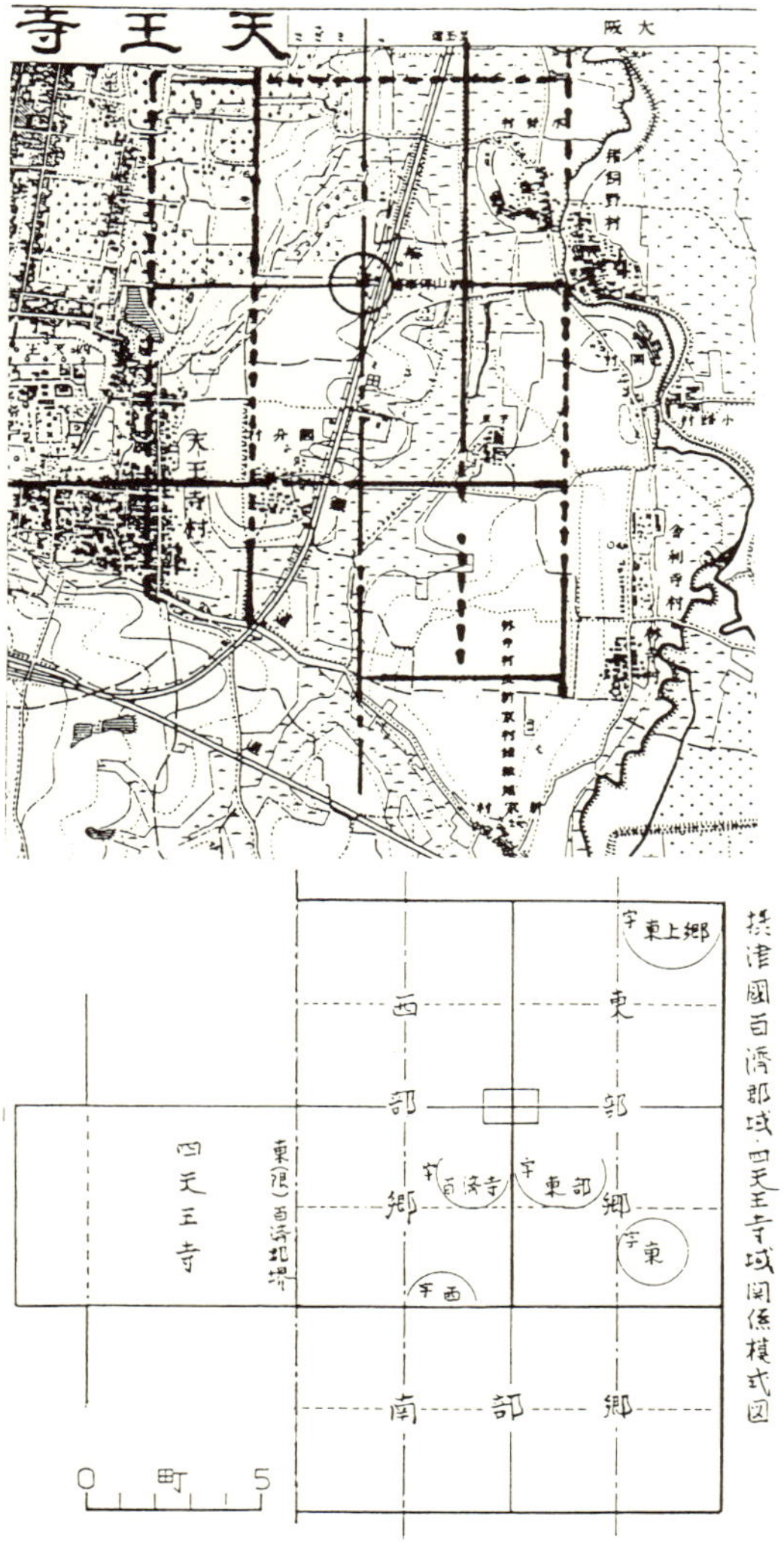

図２　旧百済郡域復原図及び関係模式図（藤澤一夫「百済国都泗沘城と日本摂津国百済郡」『激動の古代東アジア』帝塚山考古学研究所1995より）

百済郡の郡域については「四天王寺御手印縁起」に見える敬田院の四至の記述と、明治の地図に残る字名から、百済寺（堂ケ芝廃寺）を中心とした東西約一二町、南北約一八町とする藤澤一夫氏の復原案（前頁図2）が最も当を得ていると思われる。(4)

百済郡は平安時代の終わり頃まで史料に散見されるので、この頃までは存続していたことが判明する。その後、百済郡は消滅し、郡域は隣接していた郡に吸収された。

三

中世以降百済郡は消滅する。この時期に合わせるように摂津国内に欠（闕）郡の史料が現れる。欠郡の由来については、

① 古代の百済郡の後名で西成郡をも含むとする説（大日本地名辞書）

② 東成・西成・百済・住吉の四郡をさすとする説（大阪府史）

③ 南北朝対立期に住吉神社の神郡とみなされて中立の立場にあった住吉郡の称とする説（兵庫県史）

がある。(5)

中世以降に現れる欠郡の用例を見ると、(6)上記のような三通りの解釈が出てくるのは当然のことである。中世の人々が欠郡にどのような意味をこめて用いていたかはともかくとして、勝光寺の史料や「難波往古図」に示された百済郡の位置は何を意味しているのであろうか。

古代の百済郡の郡域を藤澤説よりも広く、例えば、現在の生野区・天王寺区・東住吉区・阿倍野区と

考える説をとっても、勝光寺や「難波往古図」の示す辺りは百済郡には入らない。欠郡と表記されることもある西成郡や住吉郡を百済郡としているのは、欠郡の原義が、既に消滅してしまった百済郡を指す呼称であるということを知っている人物が江戸時代のはじめに確実に存在していた証しである。(7)

古代百済郡→消滅して欠郡→（広い意味となる欠郡）→欠郡＝百済郡の記憶、という流れが勝光寺の史料と「難波往古図」から見えてくる。

註

（1）井上正雄『大阪府全志』（一九二二年）。
（2）三善貞司『大阪史蹟辞典』（清文堂出版　一九八六年）。
（3）玉置豊次郎『大阪建設史夜話・大阪古地図集成』（大阪都市協会　一九八〇年）。
（4）藤澤一夫「百済国都泗沘城と日本摂津国百済郡」（『激動の古代東アジア』帝塚山考古学研究所　一九九五年）。
（5）『大阪府の地名』（平凡社　一九八六年）「欠郡」の項。
（6）前掲註（5）に同じ。
（7）東野治之「律令制下の難波」（『新修大阪市史』第一巻　一九八八年）。

〔百済郡関係史料〕

A　霊亀元年（七一五）一〇月一三日（奈良国立文化財研究所編『平城京長屋王邸と木簡』吉川弘文館　一九九一年）

・百済郡南里車長百済部若末車三転米十二斛上二石 中十石

•
元年十月十三日　田辺廣国　八木造意弥万呂

B　天平九～一一年（七三七～四〇）「従人勘籍」（『大日本古文書』二四巻五五六頁）
摂津国百済郡東郷長岡里戸主調乙麻呂之戸口
調大山　年十六
右一人　調乙麻呂従人
……
大養徳国……

C　天平勝宝九年（七五七）四月七日「西南角領解」（『大日本古文書』一三巻二二〇頁）
竹志浄道　年廿　摂津職百済郡南部郷戸主正六位下竹志麻呂戸口

D　天平神護元年（七六五）二月「造東大寺司移」（『大日本古文書』五巻五一七頁）
少初位下一難寶郎　年卌五
摂津国百済郡人

E　延暦一〇年（七九一）八月二四日『続日本紀』
摂津国百済郡人　正六位上広井造真成　賜姓連

F　天長一〇年（八三三）四月二三日『続日本後紀』
以摂津国百済郡荒廃田廿七町野　賜源朝臣勝

G　寛弘四年（一〇〇七）直前　四天王寺「御朱印縁起」
敬田院
東西捌町　南北陸町
東百済郡堺　南堀川
西荒陵岸　北三條中小道

H　保安元年（一一二〇）「摂津国四度公文」

九条家冊子本中右記裏文書

※当時の一三郡の中に百済郡あり

I　正徳二年（一七一二）『和漢三才図会』七四摂津

西生郡

按、昔百済郡有住吉郡之北、何時乎失其名、俗称欠郡、木津、難波、勝間、今宮、西高津等是也、今属西生郡、湯屋島、喜連、田辺、砂子、山内、寺岡、奥村、大豆塚、浅香、天王寺、阿倍野、新家、舎利寺、林寺、平野町、東高津等、百済郡為欠郡、今属東生郡、但天王寺東門東、有百済寺旧地、

6　摂津国榎津寺をめぐる新史料

今は無き榎津《えなつ》寺《でら》の所在地について、『新修大阪市史』一巻（一九八八年）では以下のように述べる。

　山之内三丁目、遠里小野三丁目を中心として白鳳時代の瓦が出土しており、古代寺院跡の存在が推定されている。これまでに出土した三片の軒丸瓦は、いずれも同型式の単弁八葉蓮華文軒丸瓦である。出土地の遠里小野三丁目の小字名に「榎津」があり、『墨江村誌』によると、「小字榎津二〇四番地、現今堂跡」という所に朴津寺址があったという。遠里小野三丁目にある大阪府住宅協会杉本町共同住宅の地に当たる。

市史が引く『墨江村誌』（大阪市墨江教育会　一九二九年）の榎津寺に関連する記述は以下のとおりである。

　極楽寺　大字遠里小野字瓜野四百十三番地に在る。本尊毘沙門天。旧榎津庄榎津寺に安置してあったので、その旧寺址は小字榎津二百四番地現今堂跡といふ所であったといふ。（現在摂津メリヤス株式会社大和川工場敷地）本尊由緒縁起に拠ると、此毘沙門天は聖徳太子御作で、河内国信貴山毘沙門天王と同木同作である。而して此に安置した由来は往古遠里小野の辰巳二丁許に朴津と称して家

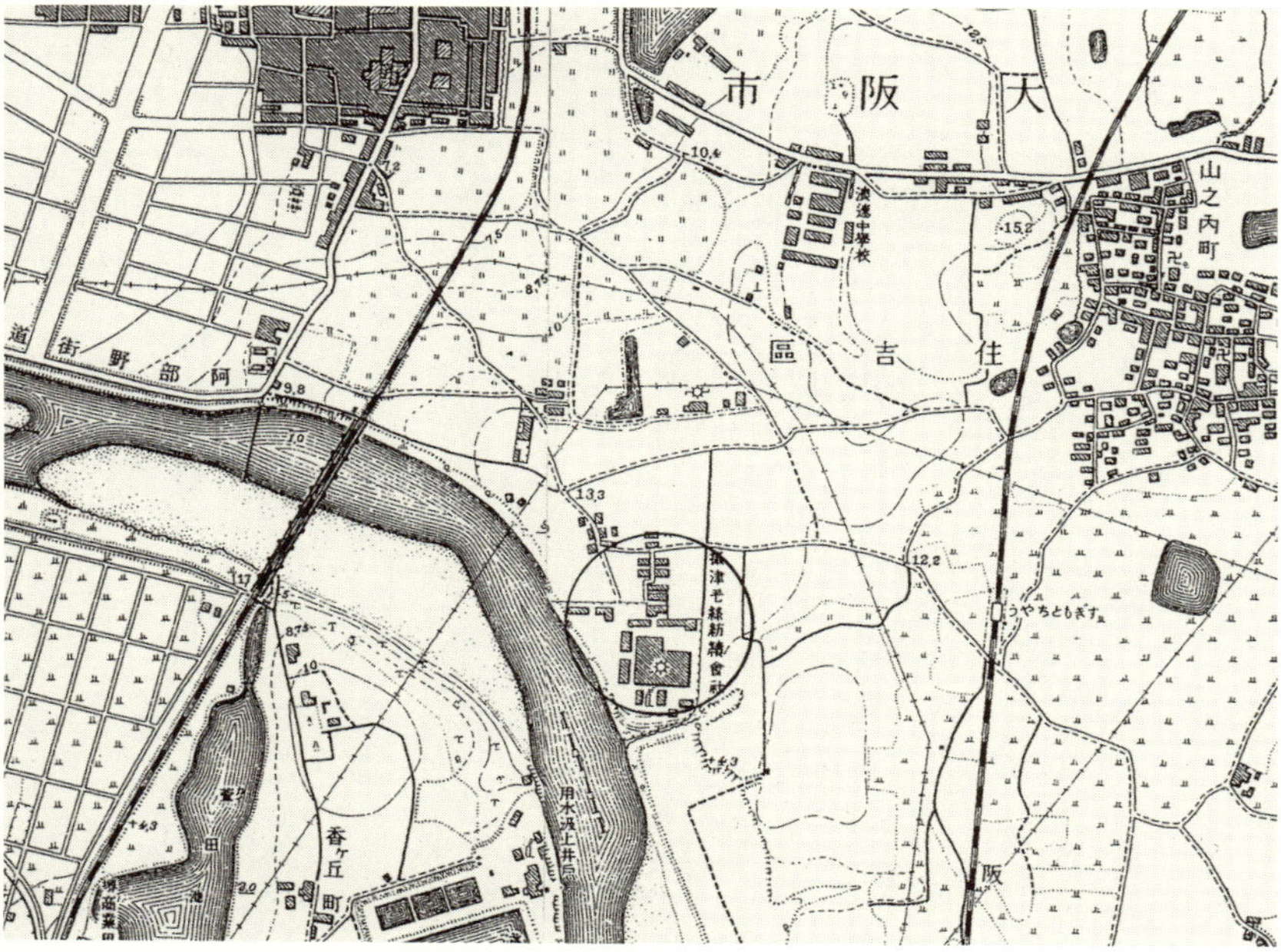

図1　1929年（1/10000）に加筆　○印は『墨江村誌』の示す榎津寺跡（筆者作成）

> 数千軒の古跡があった。此處に行基建立の七堂伽藍があって財宝山極楽院と称した。今田の字を堂の前といふのがそれである。…（中略）…然るに其後戦場の一部となって伽藍は云ふに及ばず、朴津里も消失し、本尊胎内仏三千仏は住吉へ持出し、住吉明神の北神宮寺の北の方に安置し、鐘楼堂梵鐘は堺の天神に移したが、此毘沙門天王は持出すものが無かったので自と此里に止ったのであるといふ。（九五頁～）

榎津寺の所在地を考える材料は『墨江村誌』しかないのであろうか。

＊

過日、『住吉名所鑒　界府墨江紀略』なる書物を目にした。この本は一九八四年に和泉文化研究会が和泉史料叢書のひとつとして『住吉名所鑒』と『界府墨江紀略』を合本し、影印本として復刻したものである。出版後かなりの年数を経ていながら、この書物を知らなかった不勉強を恥じた。この『界府墨江紀略』には「朴津寺記」なる史料が引かれている。『新修大阪市史』では論及されておらず、諸賢には周知の史料かも知れないがここに紹介したい。

『界府墨江紀略』については、著者は巨妙子、享保丁酉（一二年＝一七一七）序文があり、上巻三四丁、下巻二九丁、奥付半丁である。著者の巨妙子は堺の南旅籠町の禅楽寺の僧で、享保一五年（一七三〇）に七四歳で没したという。なお、『国書総目録』には『界府墨江紀略』、巨妙子とも掲載されていない。内容の大半は住吉神社にかかわる旧跡についての記述であり、「附録」として十数項目があり、このひとつに「朴津寺記」がある。

以下、『界府墨江紀略』の引く「朴津寺記」を記す（原文は漢文。試みに読み下す）。

朴津寺記

朴津寺記曰く、続日本紀宝亀四年十一月、田を行基故院六所賜う。謂う所は大和州の菩提《ぼだい》、登美《とみ》、生馬《いこま》〔割註〕三所」河内州の石凝《いしごり》、山崎〔割註〕二所」和泉州の高渚《たかす》是なり。今界津の北庄の青楼を高渚と曰う。其の東原朴津と曰う。其の西浜を七堂と曰う。而して遠里小野《おりおの》の南三町に朴津大寺の旧跡有り。和名類聚鈔を案ずるに、摂津州住吉郡に榎津郷有り〔割註〕榎津、今朴津に作る」当日朴津千軒是と曰うなり。〔割註〕国の俗一戸を一軒と曰う。乃至千戸万軒を千軒万軒と曰う」地は泉州大鳥郡に接す。住吉社家等の記に曰く、朴津郷は乃ち住吉の社務津守氏の所領なり。南朝の長慶帝の世、社務の国夏朴津大寺を以て、慈恩寺の開祖卓然立和尚に付す〔割註〕慈恩は住吉郡に在り。卓然諱は宗立。国夏の舎第なり。紫野第二世徹翁亭を嗣ぐ」爾来紫野隷寺と為す。而して朴津の大寺封疆に方違《かたたがい》社、天王の社、向井《むかい》寺《でら》、今池弁才祠、及び高渚等有り云々。其の後朴津の大寺如き、密徒某界津南庄に移る。故に大寺と曰うなり。方違社、天王社の如。乃ち向井寺の僧は之を求めて已れが之有と為す。向井寺は今三国《みくに》山の向泉寺是なり。此を以て之を考えるに、則ち泉州の高渚乃ち朴津郷の高渚是なり。〔割註〕高渚は今摂州に属す」郷の大寺を以て故に名る。其七堂の浜と曰うは、当日其の寺七堂一時洪水を以て流没せり。今南庄の大寺及び向泉寺等以行基を以て開祖と称す、皆高渚の一を本とす。又朴津、高津、難波津、之を摂津三津と謂う。而して摂津の名三津有るを以てなり。又、或は朴津を除きて、敷津を加て三津と為す。高渚寺如き三津に在り、第一之寺と称す。故に朴津大寺曰う。今界津北庄の天神祠、本朴津の郷に在り。乃ち其の郷の産神《うぶかみ》なり。或は曰く朴津郷、流没して而して其の残る所の編戸今界津の地に移す。故に南庄は大寺の社を以て、産神と為す。北庄は天神の廟を以て、産社と為す。

案ずるに、今の界府大小路《おおしょうじ》坊以南は泉州に属す。乃ち泉州大鳥郡塩穴《しおあな》郷の地なり。大小路坊以北は摂州に属す。乃ち摂州住吉郡朴津郷の地なり。然るに則ち朴津寺摂州に属す。続日本紀に言う所、和泉州高渚寺は、蓋し是は朴津大寺旧跡と為す。今界府の南庄青楼有り。其地道守《みちもり》と名く〔割註〕地道守の祖社有を以て故に名く」又高渚と号す。今界府の両青楼は、倶に高渚と称するは、何れが本、何れが末かは未だ知ず。又法兄覚印撰ぶ所は、皇和真俗通に曰く、聖武天皇天平〔割註〕巳丑」二十一年の下、春二月大僧正行基寂す、余補系有り。曰く、保元紀に曰く、行基河州石川郡に於て四十九院を立つ、云々。蓋し兜率四十九院を表すなり。類聚国史及び元亨釈書に曰く、王畿之内、行基建精舎四十九所を建つ。続日本紀田を行基故院六所に賜う。其の詔文に謂有り。其の修行の院総三十余所〔割註〕事は宝亀四年の下に見ゆ」然るに則ち石川郡四十九院は乃ち一刹なり。類聚及び釈書四十九箇院と曰うは誤れり。余に三高道跡有り。乃ち聖徳太子、行基菩薩、役小角行者の三道場の旧跡なり。皇和真俗通に載すなり。往て閲る可し。

前半が「朴津寺記」の引用であり、「案今界府大小路坊以南属……」以下が著者である巨妙子の筆になる考証である。

＊

「朴津寺記」がいつ成立したものなのかは『界府墨江紀略』の範囲では不明である。『国書総目録』を引いても「朴津寺記」に関連するような情報を見つけられていない。「朴津寺記」の文中に「南朝長慶帝之世」とあることから長慶帝（一三六八〜八三）以降に成立したものであることは明らかである。下限は当然のことながら『界府墨江紀略』の序文の年、享保二年（一七一七）である。記されている寺社の名称や地名を丹念に検討すれば「朴津寺記」の成立年は絞り込めるであろうが、現時点では江戸時代初め頃には成立していたものと考えておく。

新大和川の開削されたのが宝永元年（一七〇四）であり、江戸時代初め頃と思われる「朴津寺記」は当然新大和川の開削以前の内容である。巨妙子の考証も堺の大小路を摂津と和泉の国境としており新大

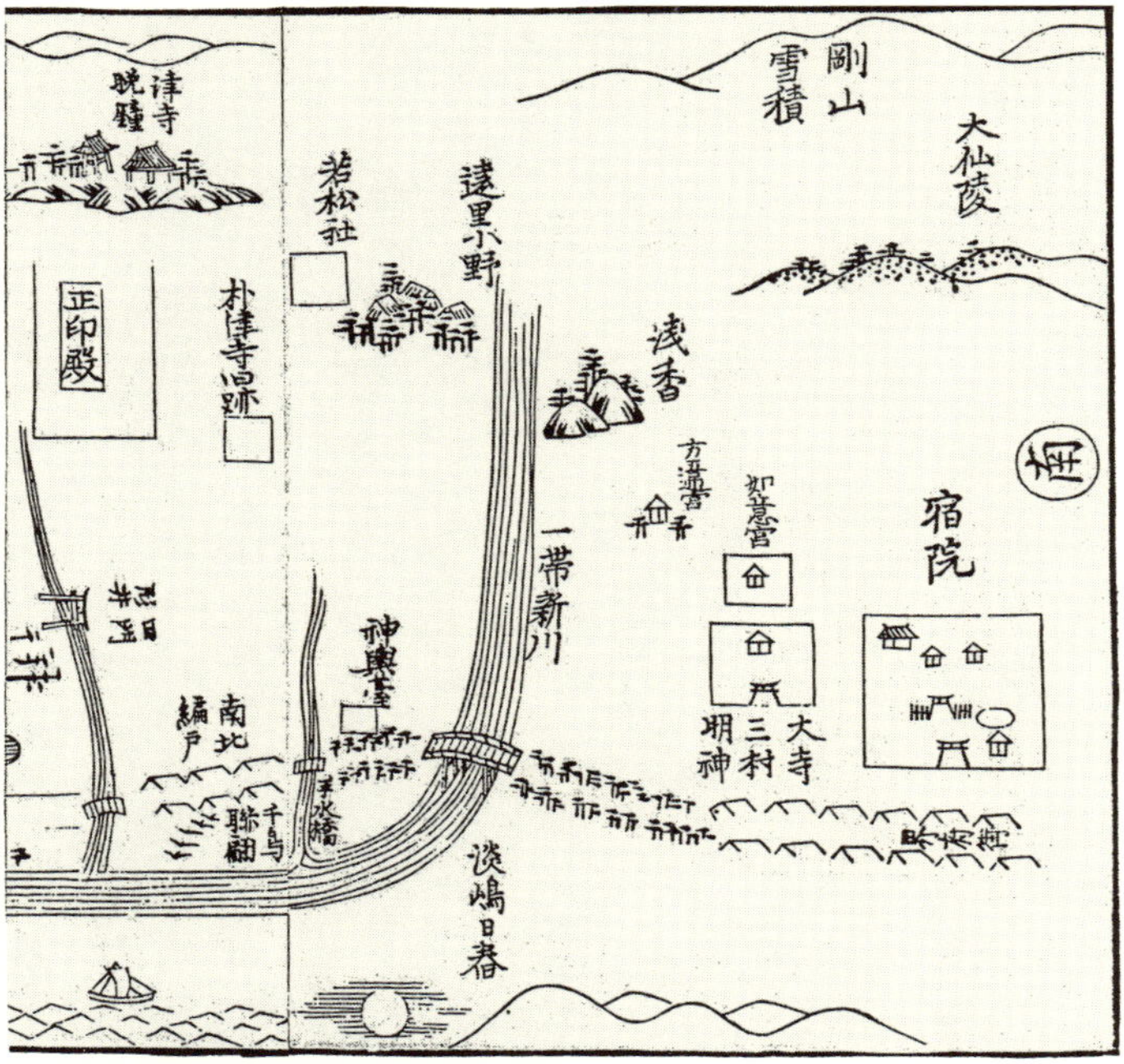

図2　『界府墨江紀略』の絵図（部分）（『住吉名所鑒　界府墨江紀略』和泉文化研究会1984より）

和川の開削以前の情報である。一方『界府墨江紀略』に掲載されている絵図には新大和川が描かれており、本文の内容とそぐわない感もある。

*

考証なしの『界府墨江紀略』からの転記のみになってしまった。しかし、これまで榎津寺の情報が唯一『墨江村誌』（一九二九年）のみであったことからすると、江戸時代初め頃に成立したと思われる「朴津寺記」の記述は、今後榎津寺を考察していくにあたって参考にすべき史料になるであろう。

II 正倉院宝物をめぐって

1　大阪府立中之島図書館蔵『正倉院文書印踏集』

一

中之島図書館に蔵される『正倉院文書印踏集』（以下「印踏集」）は、縦二八・三㎝、横一九・二㎝で一五丁からなる書物である。[1]この「印踏集」には以下のような奥書があり、本書の成立を明らかにしている。

右者正倉院文書類之印踏也仮倉安置従武邉被加修補之砌就
当寺別当親王御命仍寺沙汰延寅奉写者也
天保七晩夏閉封之後応大蔵卿需仍拝写之一巻而再写畢　　神主従四位下行出羽守紀朝臣延寅

天保四年（一八三三）一〇月一八日に開封された正倉院が、閉封されたのは天保七年（一八三六）六月二〇日である。穂井田《ほいだ》忠友《ただとも》によって正倉院文書「正集」四五巻が成巻されたのはこの開封の時である。[2]「印踏集」の奥書によれば、天保四年に開封された正倉院が七年「晩夏」に閉封された後に、紀延寅《きのぶとら》が作成した印譜一巻を、再度筆写したのがこの「印踏集」であるという。したがって、「印踏集」に盛り込まれた情報は天保七年時点のものであることは明らかである。「印踏集」の編者「神主従四位下行出羽守紀朝臣延寅」は「正倉院宝物御開封事書」(3)に見える、

清祓　奉弊使　上司従四位下出羽守紀延寅朝臣

であろう。

この「印踏集」には五六の印が収集されている。朱筆でほぼ実大に印面を描き、傍らに墨書で印の名称を記している。掲載された五六の印に、便宜上番号を付して列挙してみる。

1中務之印、2宮内之印、3治部之印、4兵部之印、5刑部之印、6大蔵之印、7春宮之印、8左京之印、9右京之印、10内侍之印、11東大寺印、12同別種、13東寺大殿、14東寺綱印、15造東寺印、16経所、17生江息嶋印、18調足万呂印、19鳥部連豊名印、20画師池守印、21鴨書手印、22大倭国印、23山脊国印、24和泉監印、25摂津国印、26伊賀国印、27志摩国印、28尾張国印、29遠江国印、30駿河国印、31甲斐国印、32伊豆国印、33相模国印、34安房国印、35下総国印、36陸奥国印、37越前国印、38越中国印、39佐渡国印、40但馬国印、41因播国印、42因播倉印、43出雲国印、44隠岐国印、45播磨国印、46淡路国印、47阿波国印、48筑前国印、49筑後国印、50備中国印、51周防国印、52長門国印、53紀伊国印、54豊前国印、55豊後国印、56薩麻国印

集めた印の配列に特別な意図は見て取れず、官印、私印、国印などをまとめたもののようである。

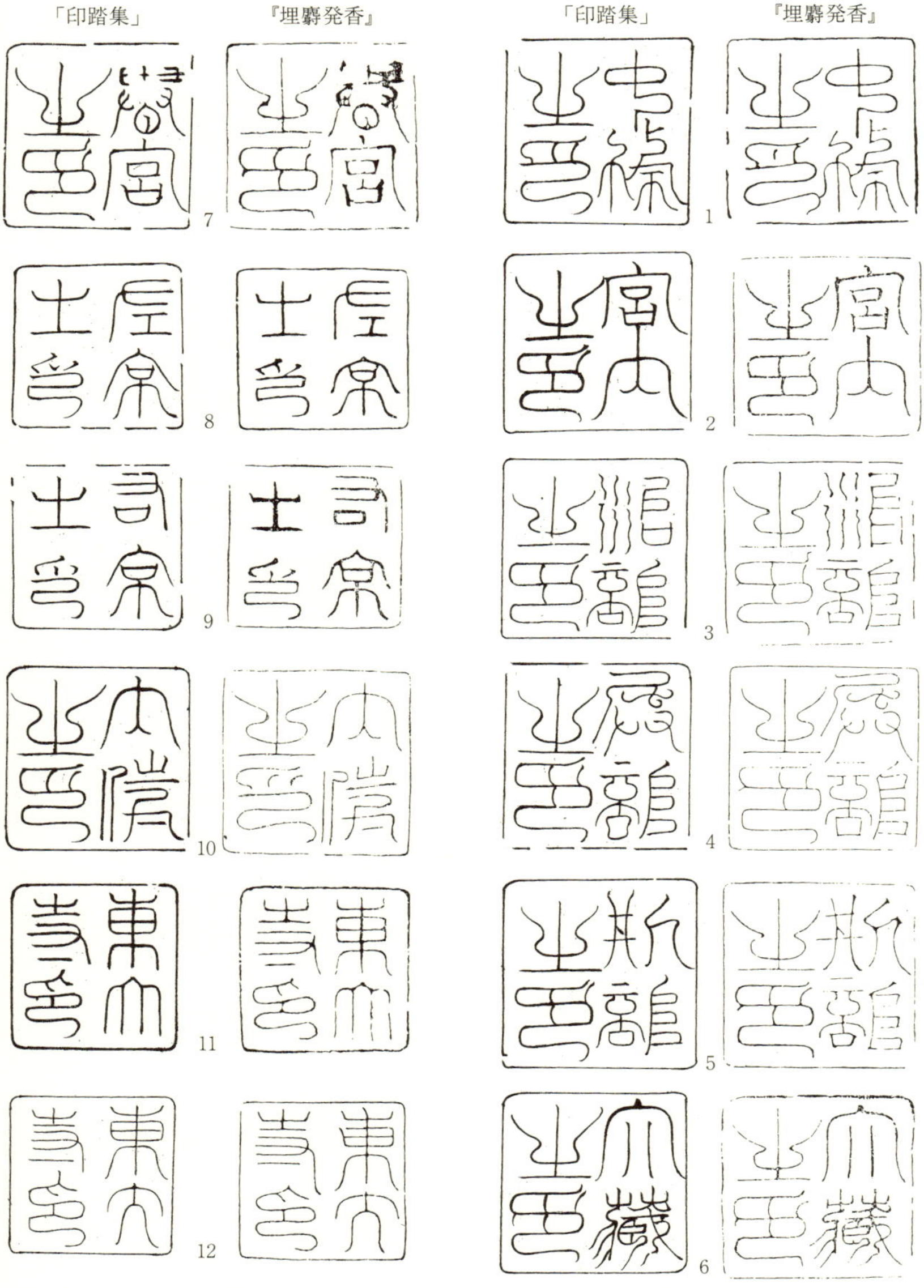

図１　「印踏集」（大阪府立中之島図書館蔵）**と『埋麝発香』**（『日本古典全集』より）**の印面比較　33％縮小（１～12）**

「印踏集」　『埋麝発香』　「印踏集」　『埋麝発香』

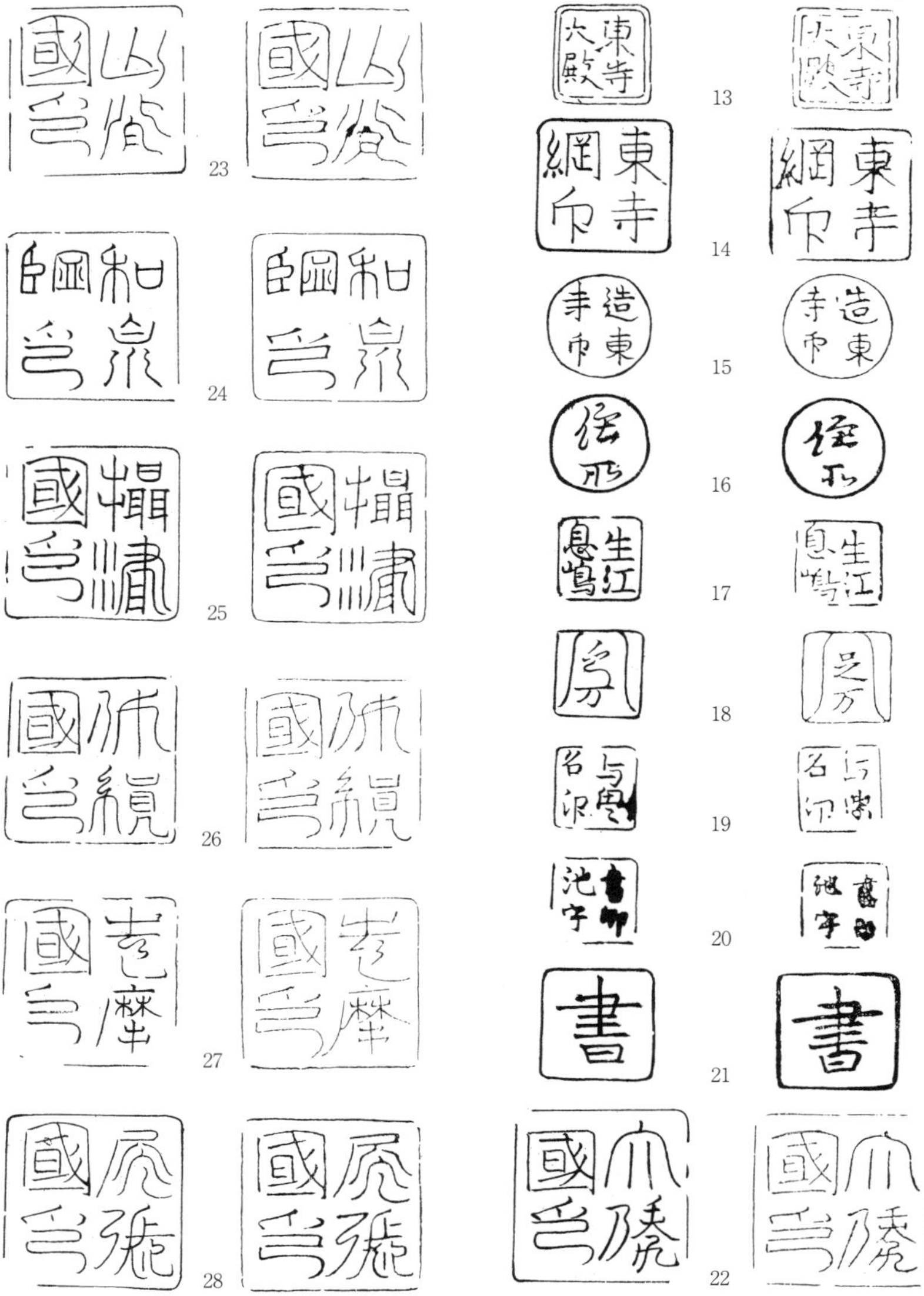

図２　同前（13〜28）

図３　同前（29～40）

「印踏集」『埋麝発香』「印踏集」『埋麝発香』

図4　同前（41～52）

「印踏集」　『埋麝発香』　「印踏集」　『埋麝発香』

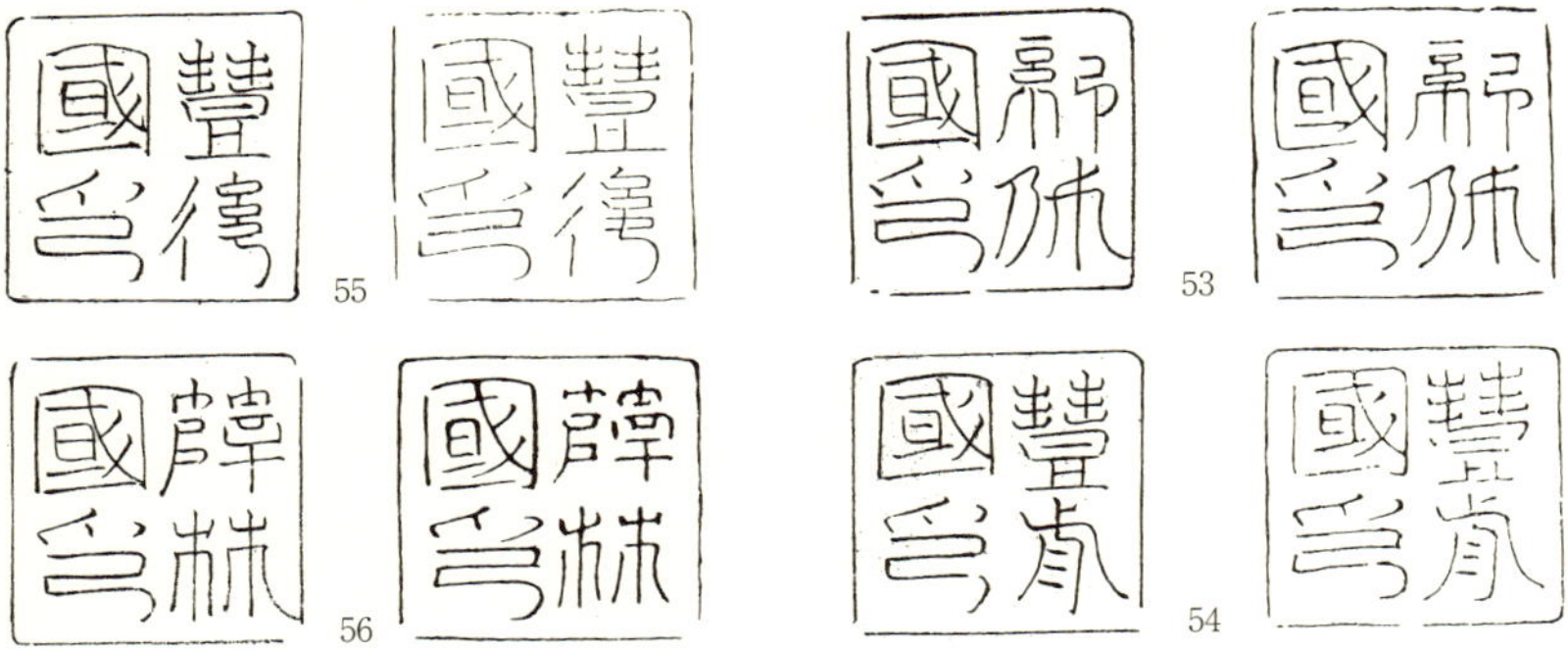

図5　同前（53〜56）

二

正倉院の印譜集としては「正集」の編者である穂井田忠友本人が、天保一一年（一八四〇）に編纂した『埋麝発香』《まいじやはつこう》がよく知られている。[4]『埋麝発香』は自らの編んだ「正集」四五巻をもとに編集され、ほぼ「正集」の順に七〇の印が収集されている。「印踏集」は穂井田忠友の「正集」なくしてはあり得ない書物ではあるが、奥書に明記してあるとおり、天保七年（一八三六）時点での情報であり、天保一一年（一八四〇）に完成した『埋麝発香』に先行して成立しているのである。あるいは「印踏集」が成立する天保七年以前に、既に『埋麝発香』の稿本があり、紀延寅がこれを見て、自らの興味の対象となった五六の印を選び出し、筆写したのであろうか。しかし、『埋麝発香』の完成は「印踏集」の天保七年（一八三六）から四年後の一一年（一八四〇）であり、「正集」編集直後に『埋麝発香』の稿本ができていたとは考えにくい。しかも、「印踏集」での印の配列と、『埋麝発香』の配列とは何らの共通性もなく、図1〜5に示したように、個々の印面を比較してみてもかなり様子が異なっているものが多い。「印踏集」が原本を「再写」したもので、「再写」の過程で生じる変化を考慮しても『埋麝発香』との違いは大きい。特に、3治部之印、5刑部之印、9右京之印、15造東寺印、18調足万呂印をはじめとし、「印踏集」が『埋麝発香』の稿本を筆写したものならば、とうてい生じようもない差異が見て取れる。

三

「印踏集」が『埋麝発香』と無関係に成立した書物であることの決定的な証拠は36陸奥国印である。これには「巻端微存不得全印陸奥之証在古文面」との注記がある（写真2）。穂井田忠友による『埋麝発香』には陸奥国印は収集されていない。「印踏集」が採集した陸奥国印は、穂井田の編集した「正集」二六巻の第八紙と第九紙「陸奥国戸口損益帳断簡」に捺された印である。影印本によれば(5)、第八紙と第九紙は直接接続するものではなく、新補の白紙によって貼り継がれている（写真3）。

「正集」は穂井田の整理によるものであり、第八紙と第九紙を共通した文書と判断し、白紙を介して継いだのは穂井田自身であることはいうまでもない。陸奥国印は印面全体が残っておらず、「印踏集」は左半の一部と右半の一部を、別々に捺されたものから採集し、合成している。このことが「巻端微存不得全印陸奥之証在古文面」という注記の内容である。穂井田は「陸奥国戸口損益帳断簡」を自ら貼り継ぎ「正集」編集しながらも、陸奥国印が完存していないので自身の『埋麝発香』には収集しなかったのであろう。穂井田の「正集」をもとに紀延寅は「印踏集」を編んだのではあるが、延寅の視点は穂井

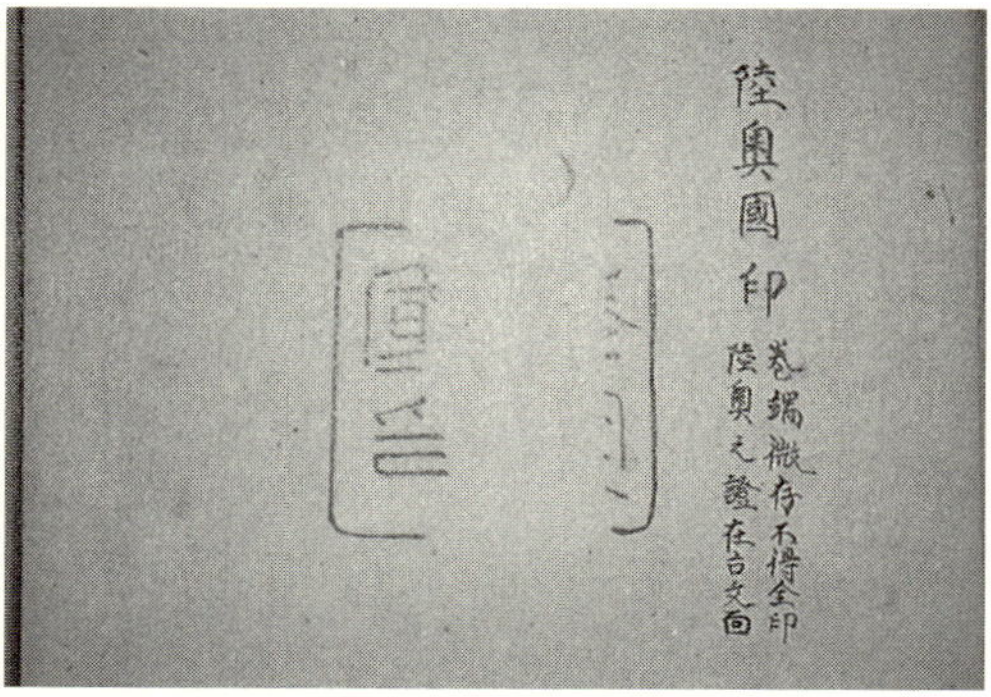

写真２　「印踏集」の陸奥国印

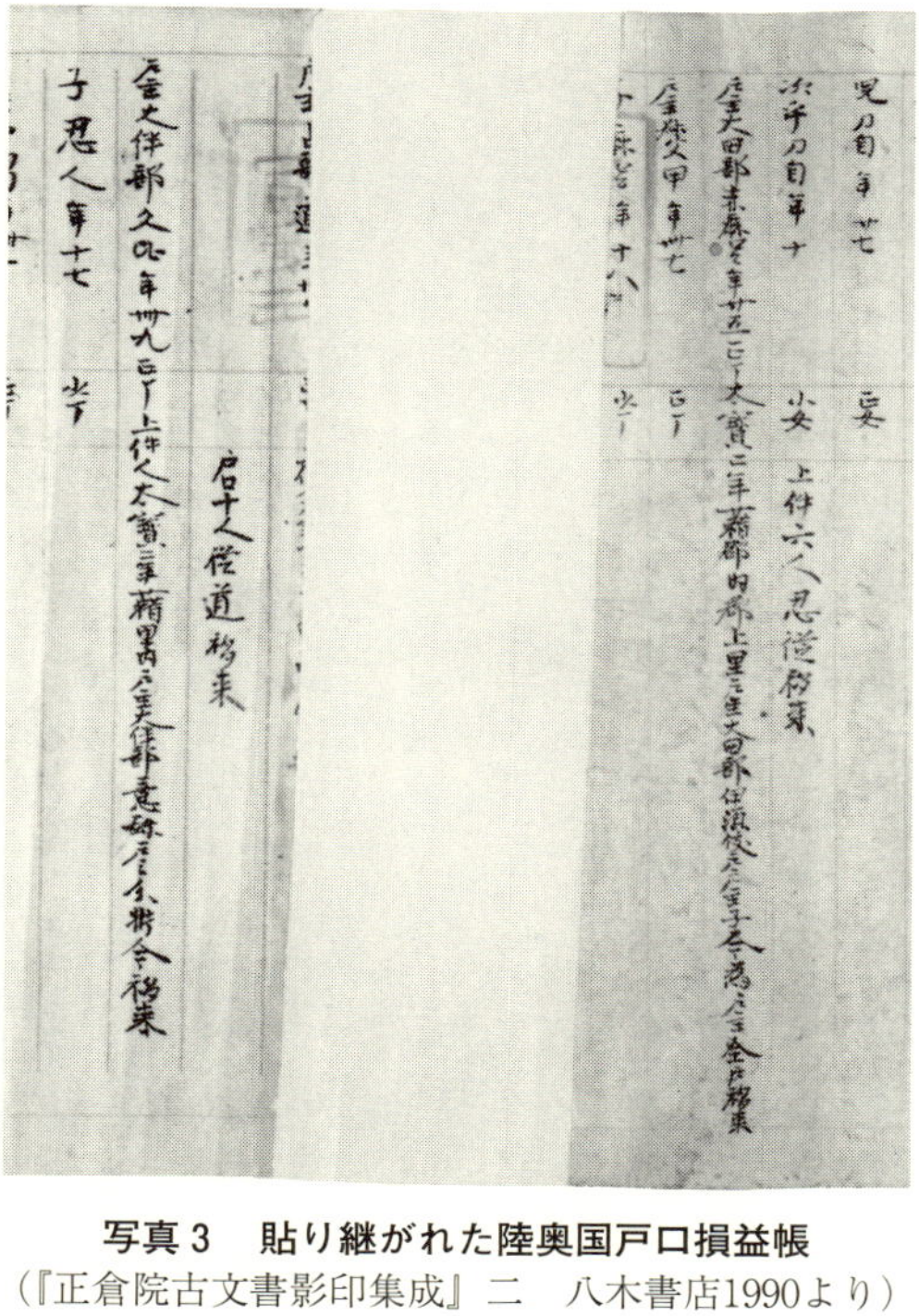

写真３　貼り継がれた陸奥国戸口損益帳
（『正倉院古文書影印集成』二　八木書店1990より）

田のそれとは異っていたのである。

四

紀延寅が編集した「印踏集」は穂井田の「正集」によるものであることは言うまでもないが、天保一一年に成立した『埋麝発香』と無関係に成立した書物である。このような書物を編むことができたのは、天保七年六月の閉封に際して「正集」四五巻が正倉院の校倉の中に返納されず、自由に曝涼（閲覧）できるように八幡宮社頭の宝庫に納められたからである。[6] 西田直養《なおがい》（一七九三〜一八六五）[7] は、

〇東大寺三倉中古書記

穂井田ぬし、此度東大寺なる三倉の長持釘締といふ事にかゝりて、ふるき反故あまた写せり。…（中略）…上より出たる書付類には、すべて其役所の印をおしたり。文体は皆漢文の楷書おほし。逐一に年号月日をしるし、官名姓氏実名詳也。……

と述べている。正倉院文書を直接見なければ書くことが不可能な記述であり、実際に「正集」が閲覧できる状態にあったことが分る。

古代印章の研究で、これまでふれられることのなかった紀延寅編『正倉院文書印踏集』を紹介し、あわせて当時の「正集」のおかれた周辺の様子を少し覗いてみた。

註

（1）『正倉院文書印踏集』の架蔵番号は九三八―八〇である。
（2）皆川完一「正倉院文書の整理とその写本―穂井田忠友と正集―」（『続日本古代史論集』中　吉川弘文館　一九七二年）。
（3）「正倉院宝物御開封事書」は『続々群書類従』一六に所収。

（4）『埋麝発香』は『日本古典全集』（正宗敦夫編　一九二八年、現代思潮社　一九七九年覆刻）による。
（5）『正倉院古文書影印集成』二（八木書店　一九九〇年）。『大日本古文書』では一巻三〇五～八頁。
（6）前掲註（2）五三四・五八三頁。
（7）『筱舎漫筆《ささのやまんぴつ》』は『日本随筆大成』Ⅱ期三巻（吉川弘文館）によった。

〔参考文献〕

木内武男　一九七四年『日本の官印』（東京美術）
土田直鎮　一九七八年「正倉院文書について」（『国学院大学日本文化研究所紀要』四一）
鎌田元一　一九九六年『日本古代官印の研究』（平成七年度科学研究費補助金研究成果報告書）
国立歴史民俗博物館編　一九九六年『日本古代印集成』（国立歴史民俗博物館）
皆川完一　一九九八年「正倉院流出文書の偽印」（『古代中世史科学研究』上　吉川弘文館）
国立歴史民俗博物館編　一九九九年『日本古代印の基礎的研究』（『国立歴史民俗博物館研究報告』七九）

2　蘭奢待の截香者

はじめに

正倉院に伝わる黄熟香《おうじゅくこう》、一般には「蘭奢待《らんじゃたい》」として知られる香木である。天下一の名香とされ、時代を代表する権力者に截《き》られながら今日まで伝わってきた。一万点ともいわれる宝物の中で、時々の歴史に登場する極めて特殊な宝物である。最近では、一九九七年の第四九回正倉院展で公開され、記憶に新しい。その際の図録(1)には以下のようにある。

黄熟香（香木）　一材

長一五六・〇cm　重一一・六kg

……（中略）……

早く中国を経て輸入されたものとみられる。もとは東大寺に伝わった。建久四年（一一九三）の記録に「黄熟香一切」として初めてその名が見える。香道がさかんとなった中世以降は「蘭奢待《らんじゃたい》」の別称で知られる。蘭奢待とはその文字の中に東大寺を隠した雅名である。現在この黄熟香には足利

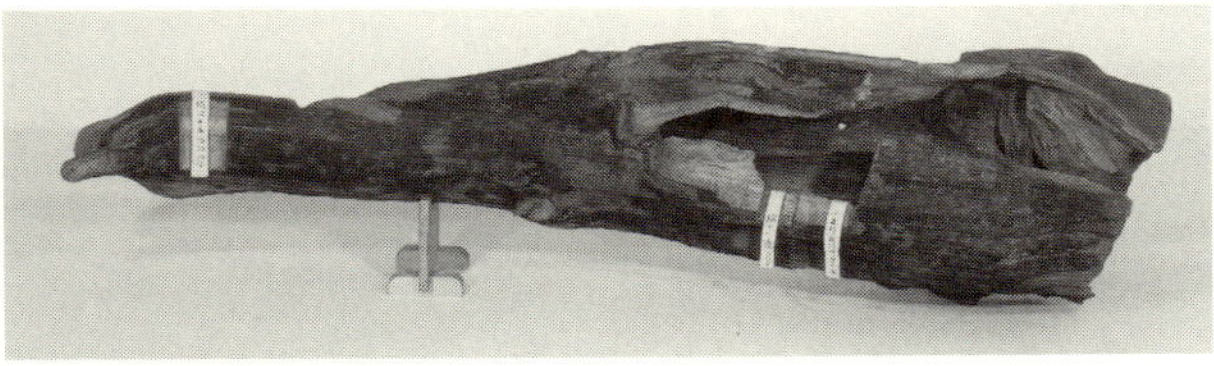

写真１　蘭奢待（『平成23年「正倉院展」目録』奈良国立博物館より）

義政、織田信長および明治天皇がこれを截りとった旨の付箋がある。記録によれば他に、足利義満、足利義教、徳川家康の事例がある。

蘭奢待を截った人物は古い方から足利義満、足利義教、足利義政、織田信長、徳川家康、明治天皇ということになる。このうち、後述するように徳川家康については截香していないとする史料もある。

また、足利義満以前の截香者に源頼政をあげる説もある。神保博行氏は[2]、

源頼政が鵺《ぬえ》を退治した功により賜ったという伝来系譜をもつ蘭奢待が紀州家に伝来したが、確証はない。目録や截香記などに足利義政が二寸、織田信長が一寸八分、徳川家康が一寸八分を、勅許により勅使、勅封使、奉行、香見《こうみ》を立てて截香した記録がみられる。

とある。さらに、神保氏は[3]、

らんじゃたい　蘭奢待　天下第一の名香として伝説的な香木である。……（中略）…鋸で約二寸ほどずつ截り取った跡がある。伝承では臣下で最初に拝領したのは鵺《ぬえ》退治の源頼政であるという。足利義政・織田信長・徳川家康の截香記録がある。……

源頼政の截香説は神保博行氏以外に知らず、また、家康は截香していないとする史料もある。本節では蘭奢待について、私なりの疑問や気づいた事を記しておきたい。

一　蘭奢待を最初に截った人物

神保氏は蘭奢待を截った人物の一人に源頼政をあげる。しかし、頼政を截香者にあげる見解を他に知らない。頼政截香にかかわる史料を捜してみたが見当たらないでいる(4)。頼政截香説は言い伝えの域を出ないのかと思っていたが、徳川美術館に源頼政が截ったとする蘭奢待が伝わっていることを知った(5)。この蘭奢待は宝暦四年（一七五四）に志野流一一世勝次郎豊光から尾張徳川家に献上されたものである。伝来を示す文書を付属しており、写真によると以下のように読める。

蘭奢待由緒書
　蘭奢待出所
　源三位入道頼政所持　一子仲綱より此間十八代を畧之
　太田道灌入道持資伝来　此間数代畧之　後世有故他家に附属之
　松平越前守家来
　　松平十蔵所持　右伝来之処有故
　関東被献上　従京都依御下向被進之
　東福門院様御所持
　　右御時代有故先祖蜂谷宗清
　拝領当家伝来

蜂谷勝次良吉次（花押）

これによると、徳川美術館に蔵される蘭奢待は初め源頼政（一一〇八～八〇）が所持しており、累代にわたって伝わった後、太田道灌（一四三二～八六）、さらに松平十蔵→東福門院→蜂谷宗清→蜂谷勝次良吉次と伝来してきたという。この由緒書には鵺退治の事はでてこないが、頼政が截ったとされる蘭奢待が存在しているのである。この蘭奢待をもって、頼政の截香が証明されたと主張するつもりはないが、極めて興味深いものである。今後もヒョンなことから同時代の史料の中に頼政截香の記述が発見されるかもしれない。

二　信長が截ったのはいつか

『天正二年截香記』『慶長十九年薬師院実祐記』をはじめ信長が蘭奢待を截ったのは天正二年（一五七四）三月二八日として疑われることはない。しかし、元亀三年（一五七二）三月二八日に信長が蘭奢待を截ったとする史料も散見される。以下、元亀三年截香説の史料を掲げてみる。

•『和漢三才図会』巻七三（寺島良安　一七一二年の自序）

元亀三月二十八日、織田信長公が奏を経て先例に任せ一寸八分を切る。勅使日野大納言資定卿、飛鳥井大納言雅教卿、奉行佐久間右衛門尉信盛、菅屋九右衛門、塙九郎左衛門、蜂屋兵庫頭、武井夕庵、松井友閑法印、以上六人、

•『諸国里人談』巻四八（菊岡沾涼　一七三四年）

蘭奢待幷紅塵

…（中略）…

元亀三年三月廿八日織田信長公奏を経て、先格にまかせて一寸八分を切らしむ。勅使日野大納言資定卿、飛鳥井大納言雅教、奉行佐久間右衛尉、萱屋九右衛門、樽九郎左衛門、蜂谷兵庫頭、武井夕庵、松井友閑法印以上六人なり。

•『翁草』巻四八（神沢貞幹　一七七二年に一応完成）

○正倉院宝庫蘭奢待の事

…（中略）…

右、東大寺正倉院勅封の庫に在り。元亀三年三月廿八日織田信長公経奏聞任先例一寸八分宛切給ふとなり。

元亀三年三月二八日と天正二年三月二八日、月日はなぜか同じである。元亀は三年壬申、天正二年は甲戌で干支に共通するところはない。信長関連の史料で天正を元亀と誤記する例があるということも聞かない。元亀三年三月二八日に截香したという史料は今のところ江戸時代中期の『和漢三才図会』までしかさかのぼれない。これをもって信長截香日を元亀三年とするには根拠は弱い。一七一二年の『和漢三才図会』が、天正を元亀と誤ってしまい、それを以降の人が誤ったまま引いてしまっているのだろう。

三　家康と蘭奢待

（一）近年の見解

冒頭で見た正倉院展の図録や神保氏は家康を截香者の一人としているが、正倉院近くにいる方々[6]はそうではない。

松島順正氏は[7]、

なおこのほか徳川家康が香を賜うたという記録や、明治十二年に再び御料として蘭奢待を截せられた、という話もあるが、いずれも確認できない。

と述べる。和田軍一氏は[8]、

信長の後、豊臣秀吉、徳川家康も蘭奢待を拝領した伝えがある。しかし秀吉の場合は、彼が奈良にはいった天正十七年十月十七日に正倉院開封の事実さえ東大寺にまったく記録がない。家康の場合は慶長七年（一六〇二）六月宝庫の損傷検分のために開封せられた時に、蘭奢待を切ったという伝えと、切らなかったという伝えが並存する。

東大寺の記録には、宝庫検分の幕府の役人が、蘭奢待は拝見したが、「お切りなされ候事これなし」と、わざわざ断わり書きしてあることと、家康が正倉院にきていないことから考えると、切っていないのが事実ではなかろうか。家康が慣例をまったく無視して、正倉院にはもちろん、奈良にもこないままで御香を切らせて拝領するとも思われない。

と述べる。米田雄介氏は(9)、

> 蘭奢待截断説は寺の記録と相違し、したがって東大寺の歴史の中で、家康が蘭奢待を截ったということは認めていないことになる。事実、別の史料である『正倉院御開封之記』の記述から判断すると、慶長七年・同八年、あるいは同十七年にそれぞれ宝庫が開封されているが、家康のために蘭奢待が截られたということはありえないように思われる。少なくとも現在のところ、家康が蘭奢待を截ったという確かな史料は見当たらない。

と述べる。和田軍一氏の言う「東大寺の記録」、米田雄介氏の「寺の記録」とは後に見る『慶長十九年薬師院実祐記』のことであろう。

家康は本当に蘭奢待を截っていないのか。以下、関連史料を見ていきたい。

（二）家康非截香史料

家康非截香説を最初に述べたのは黒川真道(10)であろう。

> 後陽成天皇、慶長七年六月、徳川家康朝に請ひ、本多正純、大久保長安を、奈良東大寺に遣はし、蘭奢待を視せしむ。よりて朝廷勅使を遣はして、宝庫を開封せしむ。当時の例に凡武将革命あれば、朝に請ひ、蘭奢待一寸八分を截る例なりと。家康これに従はず、使を遣はし、これを視せしめしに止まれりといふ。

と述べ、この記述の根拠は『創業記』である。『創業記』は手近に実見できる本がないため黒川の引くところを参照すると、同書巻十二、慶長七年六月の條に云、同月十日比、南都蘭奢待従内府公○家康、御使ヲ以被為見、同勅使被遣此比、彼蘭奢待ヲ可被截ヨシ、内在アリトイヘドモ、所詮無用ノ由ニテ被止之、蘭奢待ト云ハ黄蘭ト云沈香也、蘭奢待ト云ハ無之事ヲ云習シタリ、黄蘭ニ並テ紅沈ト云沈香ハ有之、是何モ勅封蔵ニアリ、当月十一日本多上野介ヲ被遣、東大寺ノ宝庫蔵ヲ開セ給、勅使ハ勧修寺右大弁光重、広橋右弁総光、柳原小弁業光也、

一旦は截ろうとしたが、（自分にとっては）無用のものなので止めたということである。さらに非截香説の『東遷基業《とうせんきぎょう》』『烈祖成績《れつそせいせき》』をあげる。一方で截香の史料として『家忠日記追加』『武徳編年集成』を掲げながらも、真道自身としては、

何やら是ならん。然れども今姑く創業記等の説に従ふ。猶後考を俟つべし。

と、やや消極的ながらも家康非截香説である。

『創業記』は徳川家康の事歴で、著者は不明ながら一説には酒井忠挙《ただたか》（一六四八～一七二〇）、あるいは松平忠明（一五八三～一六四四）が著者で、徳川光貞補ともいう。『東遷基業』は水戸藩士の佐久間高《たか》常《つね》が撰述した記録で享保一七年（一七三二）の自序がある。家康の誕生（一五四二年）から死（一六一六年）に至るまでの、家康の伝記から見た徳川幕府の創業史である。『烈祖成績』は安《あ》積《さか》澹《たん》泊《ぱく》が著した家康一代記で、享保一七年（一七三二）に完成した。家康を、尊王精神をもって貫いた、と描いている。『東遷基業』『烈祖成績』は、尊王思想の強い水戸藩の関係者による編纂物である。家康が朝廷の宝物に手をかけるはずがないという思いが出たのであろう。

黒川真道は言及していないが非截香説の最初の史料は『慶長十九年薬師院実祐記』（『続々群書類従』

一六）であろう。

『慶長十九年薬師院実祐記』はその名の示すとおり、東大寺の塔頭《たっちゅう》薬師院の僧実祐が慶長一九年（一六一四）に記した記録である。内容は①正倉院の開封次第、②天正二年の信長截香の事、③慶長七年蘭奢待拝覧の事、④家康の正倉院修理の事、⑤慶長一七年の正倉院宝物盗難の事である。③の蘭奢待拝覧の記述は以下のとおりである。

其後家康公天下ノ依為主君、三蔵可被加御修理之旨被仰出、則奉行トシテ本多上野守、大久保石見守、兌長老幷合校典薬薬師ノ寿命院、勅使広橋弁殿、勧修寺弁殿、宝蔵御開キ有テ、蘭奢待奉行衆御拝覧有テ、御切被成候事無之、御修理之様体計ニ而、其儘伏見ヘ奉行衆御帰被成候、慶長七年壬寅六月十一日、

これによると、家康の命により慶長七年（一六〇二）六月一一日に蔵が開けられ、奉行衆が蘭奢待を拝覧し、観ただけで截ることはなかったという。慶長七年から一二年後の慶長一九年の記録であり信ずべきであろう。蔵を開けて蘭奢待を観ただけならば「宝蔵御開キ有テ、蘭奢待奉行衆御拝覧有リ」だけでよいはずである。慶長七年以降、『慶長十九年薬師院実祐記』の記された慶長一九年までの間に、別の人物が蘭奢待を截り、先例として家康は如何にというような状況であったのならば、「御切被成候事無之」という記述も理解できる。しかし、「拝覧有リ」の後に、ことさら「御切被成候事無之」記すのは、截った事実をあえて打ち消すためではないかと思えてくる。

（三）家康截香史料

一方、家康が蘭奢待を截ったとする史料がいくつも存在する。

•『家忠日記追加』（松平忠冬《ただふゆ》　一六六三年序）

慶長七年六月十一日

本多上野介正純、大久保石見守ニ命ジテ南都東大寺ノ宝蔵ヲ開キ、蘭奢待ヲ切セラル。勅使勧修寺右大弁光豊、広橋右中弁総光、勅ヲ奉テ宝蔵ヲ封ス。

•『和漢三才図会』巻七三（寺島良安《りょうあん》　一七一二年の自序）

慶長七年六月十一日、家康公がまた切らせる。勅使勧修寺殿、広橋殿・柳原殿、奉行本多上野介正純。

•『武徳編年集成』巻四九（木村高敦《たかあつ》　一七四〇年序）

慶長七年六月十一日

神君、奏聞ヲ遂ラレ、勅使勧修寺右大弁光豊、広橋、右中弁総光、上使本多上野介、大久保石見守長安、南都東大寺ニ至テ、宝庫ノ勅封ヲ両弁官是ヲ截テ戸ヲ開キ、黄熟香（蘭奢待也）、ヲ截シム。香見柳原右少将業光ナリ。中坊左近秀祐警固シ、幕下ノ歩卒十人監使タリ。

•『諸国里《しょこくり》人談《じんだん》』巻四八（菊岡沾涼《せんりょう》　一七四三年）

蘭奢待幷紅塵

…（中略）…

慶長七年六月十一日に切しめ給ふ。勅使観修寺殿、広橋殿、柳原殿なり。奉行は本多上野介正純。

・『翁草《おきなぐさ》』巻四八（神沢貞幹《かんざわさだとも》　一七七二年に一応完成）

　○正倉院宝庫蘭奢待の事

　…（中略）…

　其後慶長七年六月十一日、家康公も切給ふ。

・『大日本野史』（飯田忠彦撰　一八五一年成稿）

　慶長七年六月

　東大寺三蔵開封、蘭奢待を切る

また、米田雄介氏[11]が引く『東大寺正倉院御開封記　浄俊記』には、

　東大寺三蔵御修理事

　同六月十一日東大寺三蔵開給フ、勅使ハ勧修寺中将光豊、広橋右大弁綱光朝臣十日ニ下向…（中略）…、中ノ蔵ニ蘭奢待アリテ、一寸八歩切セ給フ

とある。さらに続けて

　或記ニ云、寺之記ト有相違、不用之云々

ともあるらしく、『東大寺正倉院御開封記　浄俊記』が、『慶長十九年薬師院実祐記』や『創業記』の家康非截香説を意識していることがうかがえる。

　この他にも実物の蘭奢待とされるものに添った文書を中川登史宏氏が紹介している。[12]

　　蘭奢待

　…（中略）…

元亀三年三月廿八日　織田信長奏シテ先格ニマカセ一寸八分ヲ切ル

……（中略）……

慶長七年六月十一日ニ切タモフ

勅使　観修寺殿
　　　広橋殿
　　　柳原殿

奉行　本田上野介正純

香木　蘭奢待　重目　二匣

　　右中川弥次郎右衛門先祖持伝

　この家康の記述部分の前には信長截香の記述がある。ここでは信長の截香日を元亀三年（一五七二）三月二八日としている。この文書について米田氏は[13]、信長截香日が天正二年（一五七四）三月二八日ではなく、元亀三年三月二八日とあることや、本来勧修寺とあるべきが観修寺となっていることを指摘し、「どうも私には、この文書の記述は厳密性に欠け、信用しがたいように思われる」とされる。しかし、いかなる理由によるものかは分からないが、信長截香の日を元亀三年三月二八日とする史料が江戸時代の中頃には出現していることは先に見てきたとおりである。したがって、元亀三年を主たる根拠としてこの文書を切り捨てることはできない。

　家康截香に関する記述は、編纂意図の異なるさまざまな史料にあらわれる。一方、家康非截香説は東大寺側の記録である『慶長十九年薬師院実祐記』と、尊王思想の強い水戸藩の関係者による編纂物に見られるのみである。

記録に見えない源頼政の截香はおくとしても、室町三代将軍足利義満、六代将軍義教、八代将軍義政そして織田信長が蘭奢待を截っていることは、歴史をはじめとし、学問を重んじた家康は当然承知していたはずである。(14)和田軍一氏の(15)「家康が慣例をまったく無視して、正倉院にはもちろん、奈良にもこないままで御香を切らせて拝領するとも思われない。」と判断するのは無理がある。学問に篤い家康は、これまでの天下人の何人かが蘭奢待を截っている先例を知っていたからこそ、天下統一者となった自分も、蘭奢待を截れる立場に就いたことを自覚したに違いない。

これらの家康截香、非截香の史料を比較しながら、家康の学問と知識の量を推定すると、やはり家康も蘭奢待を截っていると考えざるをえない。

四　蘭奢待の付箋と截香者の位置について

現在、蘭奢待の截口には、三枚の付箋が貼り付けられている（写真2）。この付箋について宮内庁の図録では、(16)

黄熟香

……足利義政、織田信長、近くは明治天皇が截香している。図版にみえる三箇所の切り口に、右から順にその名を記した紙箋が付いているが、この紙箋は比較的新しいもので義政、信長の切り口がいずれかは明らかではない。

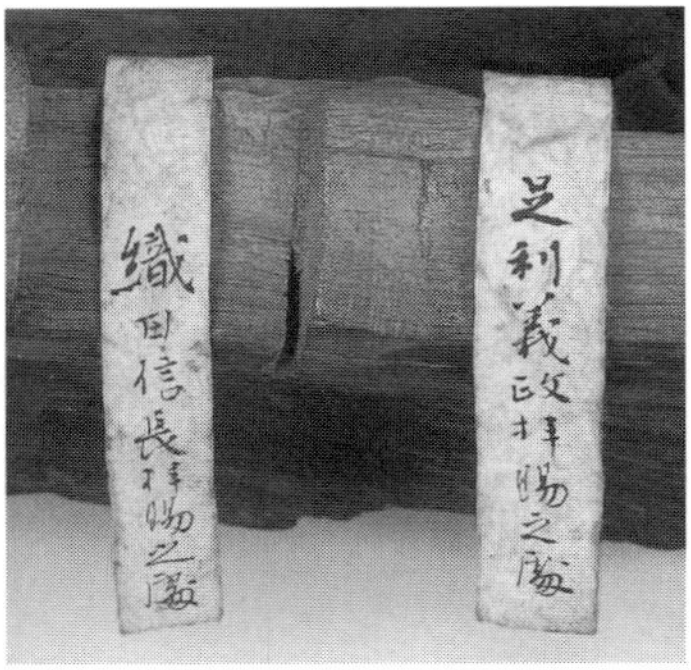

写真２　信長截り口の付箋（『平成23年「正倉院展」目録』同前より）

と、付箋が新しいことを理由に、義政、信長の截り口は明らかではないと述べる。また、米田氏は、[17]

> ところでこの蘭奢待には、中央部に足利義政と織田信長の名を記した付箋があり、細くなった左端に明治天皇の命によって截られたことを示す付箋がある。これらの付箋の位置によって義政・信長と明治天皇が截った場所を示しているのであるが、実のところこれらの付箋は明治十年以降に付されたもので、付箋の位置自体どこまで信憑性があるのか確かではない。

とあり、やはり現在の付箋の位置が、義政、信長の截り口かは確かでないと述べる。

正倉院宝物の絵図が初めて作成されたのは、元禄六年（一六九三）の開封時である[18]。元禄六年に描かれた原本を見い出していないが、元禄八年の写本（東京国立博物館蔵）をはじめとして、かなりの数の写しが作られている。いくつかの写本を実見したが、大阪府立中之島図書館に蔵される「東大寺御宝物図」[19]（図1）と天理図書館に蔵される「正倉院宝物図」[20]には截られて欠けている部分に「信長切口」の注記がある。この注記の示す位置は、明治一〇年以降に付されたとされる付箋の位置と同じである。したがって、現在の付箋の信長截香の位置は、少なくとも元禄六年の時点まで確実にさかのぼることができる。

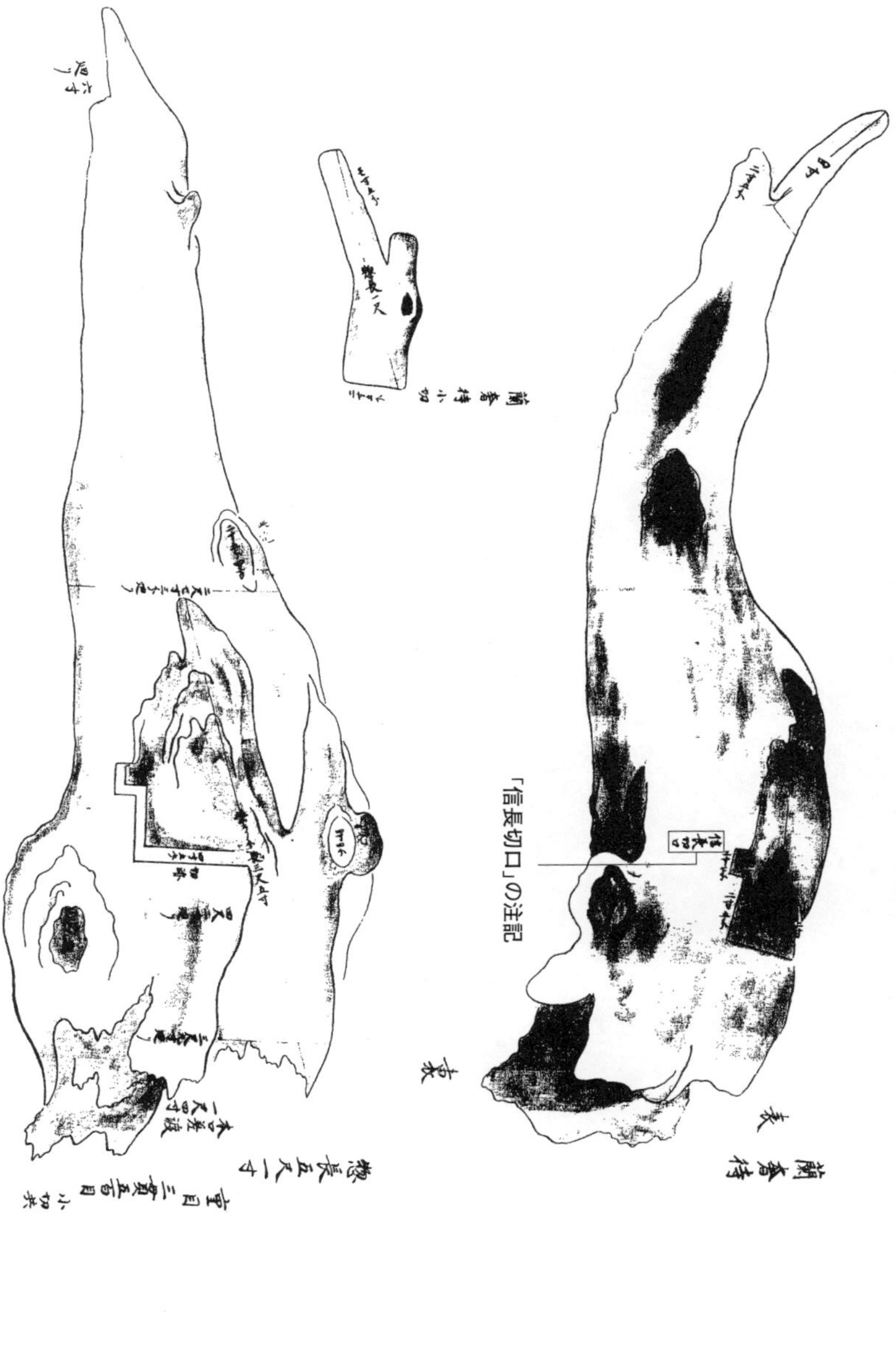

図1　元禄6年正倉院開封宝物図（大阪府立中之島図書館蔵「東大寺御宝物図」より）

おわりに

これまで綴ってきたことをまとめると以下のとおりである。

①源頼政（一一〇四～八〇）が蘭奢待を截ったという確実な史料はないが、頼政が截香したという蘭奢待があり、頼政が一番の截香者である可能性がある。

②織田信長が截香したのは天正二年（一五七四）三月二八日であるが、江戸時代中期には元亀三年（一五七二）三月二八日に截香したという説が出現する。

③種々の史料と状況から、徳川家康も慶長七年（一六〇二）六月一一日に蘭奢待を截ったと判断できる。

④現在の付箋が示す信長の截香位置は、元禄六年までさかのぼることができる。

蘭奢待を取り巻く史料を見ながら、いろいろ気づいた事を記してみた。同じような立場にいると過去に対する見方・解釈が似通ってくるものである。また、それなりの実物が存在するものの、別系統の文字史料で裏付けが出来ない時、実物の存在に重きをおくのか、史料がないので考察の材料から除外すべきなのか。過去を扱う分野の研究方法といったことも考えさせられた次第である。

註

（1）奈良国立博物館『平成九年「正倉院展」目録』（一九九七年）。
（2）神保博行「らんじゃたい」（『世界大百科事典』二九巻　平凡社　一九八八年）。

（3）神保博行「らんじゃたい」（『国史大辞典』一四巻　吉川弘文館　一九八八年）。
（4）神保博行氏の御教示によれば、源頼政が蘭奢待を截ったという史料はないらしく、香道家の間で伝承されている事らしい。
（5）徳川美術館『香の文化』（一九九六年）。
（6）和田軍一氏と米田雄介氏は正倉院事務所長、松島順正氏は正倉院事務所保存課長の職に就いておられる。
（7）松島順正『正倉院よもやま話』（学生社　一九八九年）。
（8）和田軍一『正倉院案内』（吉川弘文館　一九九六年）。
（9）米田雄介『正倉院の歴史と保存』（吉川弘文館　一九九六年）。
（10）黒川真道「蘭奢待考」（『考古界』一―六　一九〇一年）。
（11）前掲註（9）。
（12）中川登史宏「蘭奢待余話」（『正倉院物語』向陽書房　一九八二年）。
（13）前掲註（9）。
（14）徳川家康の学問については、『江戸時代の印刷文化――家康は活字人間だった‼』（印刷博物館二〇〇〇年）に詳しい。
（15）前掲註（8）。
（16）宮内庁正倉院事務所監修『正倉院』（菊葉文化協会　一九九三年）。
（17）前掲註（9）。
（18）伊藤純「元禄時代と文化と情報―元禄六年（一六九三）正倉院開封をめぐって―」（『研究紀要』五由良大和古代文化研究協会　一九九九年）。本書Ⅱ―4所収。
（19）大阪府立中之島図書館架蔵番号（22―2）。
（20）天理図書館架蔵番号（188.1―イ5）。

3　正倉院宝物盗難事件に関する新史料

はじめに

東大寺正倉院では、過去に何回か宝物の盗難事件が起きている。(1)一回目は長暦三年（一〇三九）三月三日のこと。僧・長久等が北倉に入り、銀三〇両を盗み出すも、翌年五月一八日に捕えられる。二回目は寛喜二年（一二三〇）一〇月二七日。僧・顕識等が中倉に侵入して、鏡八面、銅小壺一箇、銅小仏三体を盗み出した。三回目は嘉暦三年（一三二八）で、この時は犯人が見つからなかったという。四回目は慶長一五年（一六一〇）七月二一日に起った盗難事件である。この時事件に関する記録が、これから紹介する「南都東大寺宝物」である。

一　「南都東大寺宝物」について

慶長一五年の盗難事件に際して作製された「南都東大寺宝物」が綴じられているのは、大阪府立中之島図書館に蔵される石崎文庫のうちの一冊、『南都名勝舊記』である。

石崎文庫は奈良高畑の地で私設図書館を営んでいた漢方医・石崎勝蔵（一八四七〜一九二〇）の旧蔵書である。私設図書館は明治二三年（一八九〇）に開設されたが、昭和二六年（一九五一）に和書六三二三冊・漢籍五一五五冊が中之島図書館に入り、現在の石崎文庫となっている。石崎文庫目録(2)では「南都名勝舊記」とあり、その内容として、

一巻南都東大寺宝物（慶長一七年）一巻東大寺大仏殿等修理状一巻　一冊　宝暦一一年・明和元年
無乗《（ママ）》斎花珍写本

とある。実際に『南都名勝舊記』を手にしてみると、表題として貼り付けられた題簽には「南都興福寺東大寺舊記」とある。一冊の中に以下の三種の記録が綴じられている。

「南都名勝舊志」天和二年（一六八二）成立、明和元年（一七六四）花鈴書写。
「南都東大寺宝物」慶長一七年（一六一二）成立、書写年不明。
「東大寺大仏殿等修理状」元禄一二年（一六九九）成立、宝暦一一年（一七六一）無棄斎花鈴書写。

残念ながら「南都東大寺宝物」には書写年は記されていない。しかし、前後の「南都名勝舊志」と「東大寺大仏殿等修理状」の書写年から、「南都東大寺宝物」も一七六〇年前後に無棄斎花鈴なる人物が書写したものであろう。無棄斎花鈴は『国書人名辞典』に掲載される「渡部主税」であろう。辞書の記述では、

渡部主税　わたなべちから
〔生没〕生没年未詳。江戸時代中期の人。〔名号〕本姓、菅原。名、吉賢。通称、主税。号、無棄

斎・影馴亭・花鈴。〔経歴〕大阪の人。好事家として知られた。〔著作〕五参宮道之記〈宝暦六〉山王祭図〈明和二〉四種雑記　社記雑集　山城めぐり〈寛保元〉

とある。大阪に住まいしていた花鈴が、南都の三つの記録を写し、「南都興福寺東大寺舊記」として一冊の冊子として綴じたのであろう。

二　「南都東大寺宝物」の内容

「南都東大寺宝物」はこれまで正倉院史の研究にあって、利用されたことのない史料と思われるので、以下全文を紹介する。

南都東大寺宝物　慶長十七壬子年十一月十三日

三倉　御改帳　北御倉下之櫃長持合紋いろは

い長持壱ケ之内　御鞍鐙四口分　以上入有之

ろ長持壱ケ之内　唐銅鉢大小百四十二　同透鉢三ケ　御鏡一面

は　同　唐銅椀七具　唐銅鉢弐百十四ケ　唐銅皿三ケ
匙子七十八ケ

に　同　唐銅御器九十具　唐銅鉢十九ケ

ほ　同　　御鏡大小弐十六面
へ　同　　碁盤三面　内一面家有　石弐百八十　碁一ケ共　石盤三ケ　琵琶一面
と　同　　薬有　元花ト書付有之
ち長持壱ケ之内　丹有リ
り　同　　毛氈　赤色白色　十五枚
ぬ　同　　幕綱付　白赤キ絹切在リ
る　同　　瓔珞吹玉在リ
を　同　　華幔幡之道具入在之
わ　同　　書台　唐ノ箱　小道具色々之　孫之手一　鏡一　籠柳三箇
か　同　　石盤五ケ　但龍之紋有リ
よ　同　　石盤一ツ　華飾二ケ　琵琶一面　鳳凰金物一ケ　塩硝一壺
　　　　　唐沓五足　白毛氈一枚　明長持一ケ　　以上入有之
都合長持数十五棹

　北之端御倉二階
た長持一ケ之内　真鍮簾之穂廿六本　丁子一箱　薬種色々一箱
れ　同　　硯一面　双六盤一面　冠桶二ケ　籠柳六ケ　唐小箱一ケ　ケサン三ケ
そ　同　　蓮華座二ケ　天蓋三ケ

つ　同　　薬種　但元花ト書付有之
ね　同　　法皇之御筆一管　御杖二本　御尺八二管　御弓一張　孫之手三ケ
　　　　　御下鞘一ケ　ヒイトロ但茶入有　香合一ケ　薬種一箱　籠柳一ケ　塗樽桶一ケ
　　　　　鈴一ケ　御鏡家一ケ　箱金紋一ケ有　花瓶一ケ　琵琶一面
な　同　　シヤホン入有之
ら　同　　赤白毛氈五枚
む長持一ケ之内
　　　　　御茵蓐道具入有リ　ヒイトロノ錫
う　同　　御奇懸二ケ　絹幕二走　唐箱金紋有一ケ
ぬ　同　　毛氈紋有リ十三枚
の　同　　御経軸一箱　唐紙赤白青一箱
を　同　　人参有之
く　同　　鈴一箱
や　同　　瑪瑙石一箱
ま　同　　御太刀十八振　大蛮琴一張　柄香炉一ケ　笛一菅　尺八一菅　石帯一筋
　　　　　水晶之珠数一連
け　同　　琴一張　琵琶二面　簫一ケ　御杖一本　下緒一箱　壺焼物一ケ　明箱二ケ
ふ　同　　御鞍一口　轡一口　泥障二掛
こ　同　　箱一ケ　色々小道具有リ　下緒一箱

え　同　簫一ケ　両方剱前後一振　箱三ケ
て　同　御鏡七面　金輪一ケ
あ　同　御鞍二口　轡一口
さ　同　箱十二　水瓶一ケ　柄香炉二ケ　金之鉢一ケ唐銅外　三鈷一ケ
き　同　色々小道具入有　水亀一ケ
ゆ　同　象牙一本　華幔道具十ケ　御経筆墨一箱　金之輪一ケ　御鏡一面　細道具一箱
め　同　御鞍二口　仏之大座一ケ
み　同　甘草六本　ケサン五本　象牙尺八一　肉桂一袋　如石薬四ケ　焼物壺二ケ
し長持一ケ之内　壺一ケ焼物　琵琶袋一ケ唐織　薬種二袋　櫃ノ蓋一ケ
ゑ　同　布但唐布一巻　絹之切之有
ひ　同　墨塗之筒二ケ　小箱四ケ　唐紙二巻
も　同　御衣之道具色々有之
せ　同　御枕一ケ　孫之手一ケ　箱二ケ　御手巾掛一ケ　香合一ケ
す　同　御正躰金物一ケ　簫一ケ　太刀四十三振　琵琶一面
一　同　大紅沈　長弐尺六寸四分　本口大サ同前　末口弐尺二寸三分 本口切欠一尺五寸
切口三ケ一之　同小切三在
亦曰大紅塵　長三尺五寸　切欠短キ所三丁二尺四寸二分　重目四貫六百目余
二　同　鹿角但十六俣一本　紫檀二本　唐木二本

蘭奢待　長サ五尺二寸五分　本口大サ四尺三寸　末口一尺六寸弐分 本口ヨリ半
分迄中ウツヲ
亦曰蘭奢待ヲ黄熟香　長五尺二寸　末俣三寸八分　切欠穴三尺一寸一分
重目三貫三百五十目
御弓但人形画有リ一張　下緒但啄木二筋　御幣　唐銅鉢大小七十八　華幔十掛
都合長持数三十五棹　右御長持唯今北之倉ヨリ南ノ倉江移　南ノ倉ニ有之小細々物北之倉江移也

中之御倉下壇
三長持二十六箇之内　長持三ケ符ヲ切　今度盗取者有之　長持二十三ケ如昔符有之

中之御倉二階
四長持壱ケノ内　色々衣類道具アリ
五　同　鴨毛ノ屏風一双
六　同　但南ノ御倉入　銀之壺二ケ　銀之台一ケ　銀之鉢二ケ
七　同　面十三　板ニ仏十四打付有之一枚
八長持一ケ之内　但南ノ御倉入　銀提子但無口一ケ　同鉢一ケ　大鏡二面
九　同　御茵蓐之道具有
十　同　錦之幕入在

い　同　　　御倉之鍵二ケ　色々古幕在
ろ　同　　　薬種色々在
は　同　　　面一ケ　古幕色々在　但に印長持
に　同　　　木鉢一ケ　古幕色々在　但は印長持
ほ　同　　　花籠四十九　古幕色々在
へ　同　　　絹幕色々在
と　同小長持　琴一張　御弓一張
ち　同　　　御経入
り　同　　　布古幕在
ぬ　同　　　絹古幕在
る　同　　　御茵蓐色々在
を　同　　　薬種色々在
わ　同　　　長持十九之内ニ物無之
か　同　　　明長持三十内ニ物無之
都合長持六十八　此内明長持四十九
惣計長持数百四十四、此内明長持四十九ケ　以上
右今度当寺三倉江、寺僧福蔵院・中証院・北林院入盗賊付而、此三院搦捕糺明之上、賊徒無隠旨、

致白状、依臟物出被成、御成敗則為、
勅符倉故、任先例　勅使柳原弁殿持参勅符、幷倉中御改、関東御奉行永井弥右衛門、南都御参向候
而、五師中立合、三倉残物相改、帳面書付、為後証所致判形如件、

慶長十七壬子年十一月十三日

東大寺年預五師

清涼院　在判
無量寿院　在判
金蔵院　在判
上生院　在判
永井弥右衛門　在判

以上が五丁にわたって書かれた「南都東大寺宝物」である。倉内の長持に収められている品を記し、最後の数行には、宝物の盗難が判明したため、勅使立ち会いのもとに倉内の調査を行った旨が記されている。

三　「南都東大寺宝物」の記述

所々の長持の記号のあとに「長持壱（一）ケ之内」とあるのは、各倉の冒頭の行と、丁のウラの最初の行にあたる部分、すなわち冊子を見開きにした時に、右端の行の記述である。左に続けて同じく「長

持壱（一）ケ之内」なので、これを省略して「同」と記している。

「三倉御改帳」とあるが、調査されたのは「北御倉下」「北之端御倉二階」「中之御倉下壇」「中之御倉二階」であり、南倉についての記述はない。調査箇所ごとにある長持合計数については、「北御倉下」は一五箇であり、「都合長持数十五棹」と一致する。「北之端御倉二階」では三四箇の長持の記述があるが、「都合長持数三十五棹」とあり、合計数は一致しない。「中之御倉二階」の最後にある「都合長持六十八　此内明長持四十九」は、

北下一五＋北二階三四＋中二階一九（「わ」「か」の明長持を除く）＝六八（実数）

を示しているのであろう。「惣計長持数百四十四」は、

実数六八＋中下二六＋明長持四九＝一四三

であり一致しない。原本での誤りか、書写段階での写し間違いかは分らない。

四　「南都東大寺宝物」が記された状況

慶長年間の盗難事件については慶長一九年（一六一四）二月一七日に記された『慶長十九年薬師院実祐記』(3)が知られている。この記録は、初めにそれまでの三倉の開封の次第を記す。次に天正二年（一五七四）の織田信長による蘭奢待の截香の事、慶長八年（一六〇三）の徳川家康による三倉の修理と開封、さらに慶長の宝物盗難事件の記述となる。

『慶長十九年薬師院実祐記』に記された盗難事件の記述を時系列で整理すると以下のようになる。

慶長一五年七月二一日
寺僧の福蔵院・北林院・中証院の三人が、正倉院北倉の床下を切り破り、宝物を盗出す。
慶長一七年三月二一日
上生院□賢房法印・無量寿院長円房得業・清涼院卿公擬講らは、市中で不思議な物が売りに出ているということを耳にしたので、正倉院の宝蔵を検べてみたところ、盗難があることが判明した。大和国守護代・大久保石見守の代官・鈴木左馬助に報告した。彼の案内で京都所司代・板倉伊賀守へも相談した。このことは駿河国にいた徳川家康にも注進された。先ず宝蔵に仮屋を作り、勅使を申し下すことになった。
慶長一七年閏一〇月二一日
大久保石見守の下奉行・杉田九郎兵衛は、仮屋を検分するということで、寺の老若中を三蔵へ呼び寄せ、そのついでに福蔵院・北林院・中証院を、当時奈良町奉行の地位にあった中坊へ同行し、捕らえた。
慶長一七年閏一〇月二四日
下奉行・杉田九郎兵衛は、福蔵院・北林院・中証院を京都へ護送し、京都所司代・板倉伊賀守の前で、盗品を買った相手と対峙させたところ、ことごとく白状した。三名は京都の牢屋にこの日から入れられた。
慶長一七年一一月一二日
勅使・柳原弁殿が下向。

慶長一七年一一月一三日

宝蔵を開封し、宝物を点検した。盗人の捜査は杉田九郎兵衛によって進められた。

慶長一七年一二月二九日

盗人の三人を籠より出し、その日は伏見まで向かい、一泊した。

慶長一七年一二月三〇日

奈良へひき下り、中坊の籠に入れた。その夜半から猿沢池畔に設置した詰籠の中にいれ、曝者とした。籠は一人ずつ仕切ってあった。奈良町中より、昼間は一〇人、夜は二〇人の番人が出て、囚人の三人を監視した。これとは別に、奉行大久保石見守より三人の役人が出た。

慶長一八年四月初め

中証院が籠の中で死んだ。

慶長一八月四月二五日

奉行大久保石見守が死亡してしまったので、衆徒出身の中坊が代わって事にあたった。

慶長一九年二月一七日

福蔵院・北林院と、宝物の売買を手伝った学順という者を籠からひき出し、奈良坂の北高座で曝し者にし、処刑した。

このような盗難事件の顚末をみると、「南都東大寺宝物」が書かれた慶長一七年一一月一三日は、勅使・柳原弁殿立ち会いのもとに正倉院を開封し、宝物を点検したまさにその日である。宝物点検当日の記録がこの「南都東大寺宝物」である。

五　「南都東大寺宝物」から判明する事実

(一)「東大寺三蔵御宝物御改之帳」との関係

慶長一七年一一月一三日の宝物点検記録として「東大寺三蔵御宝物御改之帳」[4]が知られている。「東大寺三蔵御宝物御改之帳」と「南都東大寺宝物」を比較しやすいように表を作成した。

「東大寺三蔵御宝物御改之帳」と「南都東大寺宝物」、一見して分るのは同じ品についての表記の違いである。「東大寺三蔵御宝物御改之帳」では仮名混りの表記が多いのに対して、「南都東大寺宝物」ではほとんどが漢字表記となっている。宝物点検の様子を想像してみたい。宝物についての知識がある担当者が一つ一つの長持を開けながら、宝物の名称と数を言葉に出して発声し、傍らに控えている記録担当者が、耳で聞いたその言葉を記していったのであろう。「カラカネ」と聞こえたのを、即座に「唐銅」と記すことができず「からかね」と書く。「シンチウノスタレノヲ」を「真鍮簾の穂」と書くことができず耳に入ってきた「しんちうのすたれのを」と書いたのだろう。このように考えると、「東大寺三蔵御宝物御改之帳」が宝物点検当日のメモ書きであり、「南都東大寺宝物」は当日の生の記録を整理し清書した、役所的な盗難事件に関する書類と思われる。「南都東大寺宝物」の末尾に、数行にわたる事件についての記述と、「東大寺年預五師」の署名があることもこのような推定を補強するものであろう。

北―ろ「大小からかね」＝「唐銅鉢」や、北―ふ「鞍」などをはじめ、いくつかの品で個体数の相違がある。「東大寺三蔵御宝物御改之帳」が点検現場の生のメモ書きであるとすれば、後日の清書である

「南都東大寺宝物」が記す個体数があやまっているのであろう。

(二) 盗人が入り込んだ場所

『慶長十九年薬師院実祐記』では、

長拾五年庚戌七月廿一日ニ、…(中略)…彼三人スヾム由ニテ宝蔵之下江切々参候而盗人ニ可入由談合、今両三人申合、北ノ蔵ノ下ヲ切破、盗人ニ入候ヲ、

とある。この記述から正倉院史の研究では盗人が破ったのは北倉とされてきた。しかし、「南都東大寺宝物」には、

中之御倉下壇
三長持二十六箇之内　長持三ケ符ヲ切　今度盗取者有之　長持二十三ケ如昔符有之

「東大寺三蔵御宝物御改之帳」でも、

中之御蔵下段
三長持弐拾六　内三ツ符を切盗申候、弐拾三符如昔有、

これらの記述によれば、盗人が破ったのは中倉であることが分る。北倉・中倉・南倉は内部で行き来することのできない別々の独立した空間である。中倉は北倉と南倉の側壁をそのまま北と南の壁としており、正面と背面(西面)は厚板を嵌め重ねた板壁となっている。(5)「南都東大寺宝物」では「中之御倉下壇」長持三つが封を切られており、「今度盗取者有之」と明記されており、「東大寺三蔵御宝物御改之帳」でも同じ内容である。したがって、慶長一五年(一六一〇)七月二一日に盗人が入ったのは北倉の

	東大寺三蔵御宝物御改之帳(続々群書類従16)	南都東大寺宝物
北倉下		
い	鞍、但鐙有(4)	鞍鐙(4)
ろ	大小からかね(152)・すかし鉢(3)・鏡(1)	唐銅鉢(142)・唐銅透鉢(3)・鏡(1)
は	からかね垸(7)・からかね(214)・皿(3)・茶匙(78)	唐銅椀(7)・唐銅鉢(214)・唐銅皿(3)・匙子(78)
に	からかね器(90)・鉢(19)	唐銅器(90)・唐銅鉢(19)
ほ	鏡(26)	鏡(26)
へ	碁盤(3)・石(280)・石盤(3)・琵琶(1)	碁盤(3)・石(280)・石盤(3)・琵琶(1)
と	薬	薬
ち	丹	丹
り	白赤もうせん(15)	毛氈赤色白色(15)
ぬ	幕の縄白赤	幕綱付白赤絹切れ
る	屋うらくふさ玉	瓔珞吹玉
を	気まん幡の道具	華幔幡の道具
わ	志よだい(1)・唐箱(1)・まご(1)・鏡(1)・こり(3)	書台・唐箱・孫の手(1)・鏡(1)・籠柳(3)
か	石盤(5)	石盤(5)
よ	石盤(1)・けうそく(2)・琵琶(1)・法皇の金物(1)・壺塩硝・唐沓(5)・白もうせん(1)・明長持(1)	石盤(1)・飾(2)・琵琶(1)・鳳凰金物(1)・塩硝壺(1)・唐沓(5)・白毛氈(1)・明長持(1)
北端2階		
た	薬色々・しんちうのすたれのを(26)・丁子箱(1)	真鍮簾の穂(26)・丁子箱(1)・薬種色々(1)
れ	硯(1)・双六盤(1)・冠桶(2)・こり(6)・唐小箱(1)・計算(3)	硯(1)・双六盤(1)・冠桶(2)・籠柳(6)・唐小箱(1)・ケサン(3)
そ	蓮花之座(2)・てんがい(3)	蓮華座(2)・天蓋(3)
つ	薬	薬種
ね	法皇の筆(1)・杖(2)・尺八(2)・弓(1)・まご(3)・杖(1)・さすが(1)・びいどろの薬すり(1)・香箱(1)・薬(1)・こり(1)・鈴(1)・鏡之家(7)・箱金にて紋(1)・花立(1)・塗桶(1)・琵琶(1)	法皇の筆(1)・杖(2)・尺八(2)・弓(1)・孫手(3)・下鞘(1)・ヒイトロ香合(1)・薬種(1)・籠柳(1)・塗樽桶(1)・鈴(1)・鏡家(1)・箱金紋(1)・花瓶(1)・琶(1)
な	しやほん	シヤホン
ら	白赤もうせん(5)	赤白毛氈(5)
む	しとね びいどろの觴(2)	茵褥道具・ヒイトロの錫
う	よりかかり(2)・絹の幕(2)かうの箱(1)	奇懸(2)・絹幕(2)・唐箱(1)
ゐ	もうせん(13)	毛氈(13)
の	経軸(1)・青白赤唐紙(1)	経軸(1)・唐紙赤白青(1)
お	人参	人参
く	鈴(1)	鈴(1)
や	めなう石(1)	瑪瑙石(1)
ま	太刀(18)・大しやみせん(1)・ゑ香炉(1)・笛(1)・尺八(1)・石の帯(1)・水精の念珠(1)	太刀(18)・大蛮琴(1)・柄香炉(1)・笛(1)・尺八(1)・石帯(1)・水晶数珠(1)
け	琴(1)・琵琶(2)・笙(1)・杖(1)・下緒(1)・壺(1)・明箱(2)	琴(1)・琵琶(2)・簫(1)・杖(1)・下緒(1)・壺(1)・明箱(2)
ふ	鞍(2)・轡(1)・懸半泥障(2)	鞍(1)・轡(1)・泥障(2)
こ	小箱(1)・色々小道具・下鞘(1)	箱(1)・色々小道具・下緒(1)

ゑ	笙(1)・前後剱(1)・箱(3)	簫(1)・両方剣(1)・箱(3)
て	鏡(7)・かねの輪(1)	鏡(7)・金輪(1)
あ	鞍(2)・轡(1)	鞍(2)・轡(1)
さ	箱(12)・すいびん(1)・ゑ香炉(2)・かねの鉢(1)・三鈷(1)	箱(12)・水瓶(1)・柄香炉(2)・金鉢(1)・三鈷(1)
き	色々小道具・水亀(1)	色々小道具・水亀(1)
ゆ	ざうげ(1)・けまん道具(10)・筆墨経(1)・かねの輪(1)・鏡(1)・こまこま道具(1)	象牙(1)・華幔道具(10)・経筆墨(1)・金輪(1)・鏡(1)・細道具(1)
め	鞍(2)・仏の大座(1)	鞍(2)・仏の大座(1)
み	甘草(6)・計算(5)・ざうげの尺八(1)・肉桂(1)・石の様成薬(4)・焼物壺(2)	甘草(6)・ケサン(5)・象牙尺八(1)・肉桂(1)・如石薬(4)・焼物壺(2)
し	壺(1)・琵琶袋(1)・薬種(2)・箱の蓋(1)	壺(1)・琵琶袋(1)・薬種(2)・櫃蓋(1)
ゑ	唐布(1)・絹のこまこま道具	唐布(1)・絹の切
ひ	黒漆の筒(2)・小箱(4)・とうし(2)	黒塗の筒(2)・小箱(4)・唐紙(2)
も	色々衣の道具	衣の道具色々
せ	枕(1)・まこの(1)・箱(2)・手巾懸(1)・香合(1)	枕(1)・孫手(1)・箱(2)・手巾掛(1)・香合(1)
す	板に仏ヲかな物に鋳付(1)・笙(1)・太刀(43)・琵琶(1)	正躰金物(1)・簫(1)・太刀(43)・琵琶(1)
一	大ナル紅沈	大紅沈
二	鹿角(1)・紫壇(2)・木(2)・蘭奢待・弓・たくぼくの下緒(2)・御幣・からかね鉢(78)	鹿角(1)・紫壇(2)・唐木(2)・蘭奢待・弓(1)・下緒(2)・御幣・唐銅鉢(78)・華幔(10)
中倉下		
三	長持(26)　内三ツ風符を切り盗申	長持(26)　うち3箇盗取者あり
中倉2階		
四	色々の着類	色々衣類道具
五	鴨毛屏風(1)	鴨毛屏風(1)
六	内2ツ但南倉へ入り銀壺　台(1)・鉢(2)	但南倉入り　銀壺(2)・銀台(1)・銀鉢(2)
七	面(13)・板に仏(14)	面(13)・板仏(1)
八	内1ツ但南倉入り銀無口の提　鉢(1)・大鏡(1)	但南倉入り　銀提子(1)・銀鉢(1)・大鏡(2)
九	いろいろしとねの道具	茵褥の道具
十	色々錦の幕	錦幕
い	色々古幕・蔵の鎰(2)	倉の鍵(2)・色々古幕
ろ	色々薬	薬種色々
は	木の鉢(1)・色々古幕	面(1)・古幕色々
に	色々の布幕・面(1)	木鉢(1)・古幕色々
ほ	花かご(49)・色々古幕	花籠(49)・古幕色々
へ	絹の幕色々	絹幕色々
と	琴(1)・弓(1)	琴(1)・弓(1)
ち	経入	経入
り	布古幕	布古幕
ぬ	絹古幕	絹古幕
る	色々しとね	茵褥色々
を	色々薬	薬種色々
わ	明長持(19)	長持(19)物無し
か	明長持(30)	長持(30)物無し

床下からとされてきたが、中倉の床を破り、宝物を盗み出していたのである。

おわりに

これまで知られていなかった中之島図書館蔵の「南都東大寺宝物」を紹介した。「東大寺三蔵御宝物御改之帳」との比較から、宝物点検のその場での記録メモが「東大寺三蔵御宝物御改之帳」であり、「南都東大寺宝物」は盗難事件に関する正式の書類であろうと考えた。また、これまで盗人が入ったのは北倉とされてきた。しかし、「南都東大寺宝物」「東大寺三蔵御宝御改之帳」の記述から、盗人は中倉の床を破っていたことが分った。僅かではあるが、正倉院の歴史について新たな事実が判明したといえよう。

註

（1）堀池春峰「正倉院の盗人」（『歴史評論』一〇九号　一九五九年）、安藤更生『正倉院小史』（国書刊行会　一九七二年）、中川登史宏『正倉院物語』（向陽書房　一九八二年）。
（2）『大阪府立図書館蔵石崎文庫目録』（一九六八年）。
（3）『続々群書類従』「第十六　雑部」所収。
（4）『続々群書類従』「第十六　雑部」所収。
（5）橋本義彦『正倉院の歴史』（吉川弘文館　一九九七年）四頁。このような倉内の構造は「正倉院正倉整備工事　第5回現場公開」（二〇一四年二月一一日参加）で確認できた。

4　元禄時代の文化と情報

はじめに

江戸時代に入り正倉院が四回目に開封された元禄六年は、関ヶ原の合戦（一六〇〇年）から九三年、大坂夏の陣（一六一五年）から七八年を経た、天下太平の世である。幕藩体制は安定期をむかえ、貨幣経済が進展したことによって、上方を中心に町人文化が台頭する。社会の平安と経済発展にともなって、学問や文化が興隆し、清新な気風がみなぎったのが元禄時代であった。

本節はこのような時代に行われた元禄六年（一六九三）の開封について考えてみたい。

江戸時代、正倉院は慶長七年（一六〇二）、慶長八年（一六〇三）、寛文六年（一六六六）、元禄六年（一六九三）、天保四年（一八三三）の五回開封された。この他に慶長一七年（一六一二）に宝物の盗難があり、直後に被害調査のための開封がなされている。このうち天保四年の開封を論じたものはいくつかあるが[(1)]、その他の開封については年譜的にふれられるのみで、充分には論じられてこなかった。そこで、これまであまり注目されてこなかった元禄六年の開封を考えるにあたり、開封がどのように進行したのかを見ていきたい。次に、この開封の時に作成された宝物の絵図を追ってみたい。さらに、元禄六年の開封によって得られた情報が、その後の江戸時代の学芸の世界でどのように広がり、利用されたのかを具体的に見ていきたい。また、元禄前後の文化状況を復元し、この流れのなかで、元禄六年に行われた開封の意味を考えてみたい。

一　元禄六年の開封

(一) 開封の進行状況

元禄六年の開封がどのような日程で進行したかを「東大寺正倉院開封記[2]」を中心に見ていく。

五月一四日
　儀式の習礼を行う。
五月一六日（開封の儀式当日）
辰　本寺末寺の衆僧、役人等集会す。
巳　寺務御出座す。御奉行御出座す。
調査初日　中倉下の壇。
五月一七日
調査二日目　南倉下の壇。
五月一八日

調査三日目　南倉下の壇つづき　中倉下の壇。
五月一九日
調査四日目　中倉下の壇つづき。
五月二〇日
調査五日目　中倉下の壇つづき。
六月一二日
金珠院にて鴨毛屛風および画屛風の修理を始める。
六月一五日
三倉修復開始。
六月二七日
屛風の修理終わる。
七月六日
三倉修復成る。
七月二六日
権律師隆慶から執行薬師院御房へ閉封八月七日の旨の書状送る。
七月二七日
執行都維那祐想から閉封八月七日閉封の旨を大仏師・小綱・大仏殿堂童子に通告する。
八月一日

宝物を二つ倉より返納開始。

八月六日

勅使日野蔵人右少弁正五位下藤原有富朝臣下向。

八月七日

開封。

八月一二日

執行都維那祐想から御宝物会所四聖坊へ関係書類（下行米之事・三倉御開封拝受之覚）提出。開封中に将軍徳川綱吉が屏風の箱と香箱を寄進する。

「東大寺正倉院開封記」によると、五月一六日から二〇日にかけて五日間宝物の調査が行われたことが分かる。

（二）宝物絵図の作成

元禄六年の開封で画期的なのは宝物の絵図が描かれたことである。この時に宝物絵図の作成を命じられたのは東大寺別の勧修寺宮済深親王らしい(3)。それまでの慶長の二回と、寛文の開封では、宝物絵図が作成されたことをうかがわせる史料はない。

元禄の開封の際に作成された絵図は、『国書総目録』によると「正倉院御宝物絵図」として一六箇所、合計二〇点をこえる絵図がリストアップされている。また、「正倉院」ではなく「正蔵院〇〇〇図」という名称の書物もある。さらに『国書総目録』に掲載されていない絵図もあり、これらを合わせると数十点の絵図が存在していると推定される。

『国書総目録』の「正倉院御宝物絵図」の項には「竹柏（元禄六、一冊）」とあり、元禄の開封時に作成されたもの、つまり全ての絵図の原本であるかのような記述である。『竹柏園書志』(4)では、「竹柏（元禄六、一冊）」にあたる書物について、以下のように記している。

正倉院御宝物絵図　一冊　大本

外題には「正倉院什物図」とあり。黄熟香をはじめ、諸什器等の彩色写生に、材質大さ等を注せるもの。終に、御開符役人出仕次第あり。次に、「右元禄酉年五月十六日ヨリ同月廿日迄五日之間御開封　今年文政八酉歳迄百十二年ニ成ル」とあり。「椿園」の印記あり。氷室長翁手沢本。

とある。この解説によると竹柏園本の「正倉院御宝物絵図」は元禄の開封の際に宝物を直接観察して描かれたものらしく、その後、尾張の氷室長翁《ひむろながとし》（一七八四〜一八六三）(5)の手を経て竹柏園の佐佐木信綱の許に入ったらしい。しかし、この竹柏園本の「正倉院御宝物絵図」は佐佐木没後、その蔵書が多くはいったというお茶の水図書館(6)、天理図書館には蔵されておらず(7)、所在が分からない。『竹柏園書志』には次のような書物の情報もある。

正倉院宝物幷由来書　一冊　大本

初めに御櫃内銘を掲げ、次に元禄六年の御開封の記録、目録、勘例、近代御開封年譜等あり。次に彩色の宝物図を載す。元禄六年松田秀行筆写のものを、安政五年寛敞の書写せるもの。正倉院御宝物絵図にくらぶるに、二三増減あり。且つ、別に御開封式の平面図一葉を添ふ。

これによると、「正倉院宝物幷由来書」の原本は、元禄六年に松田秀行が「筆写」したものであり、竹柏園本は安政五年に寛敝なる人物が書写したものであることが分かる。「筆写」の内容が、宝物に直面して描いた原図のことを意味するのか、宝物絵図の原図を複写したことを意味しているのかは判断できない。いずれにしても松田秀行が元禄六年の宝物絵図に極めて近い位置にいた人物であることは認められる。なお、松田秀行は「正倉院御開封記草書」(8)に、

六堂中　秀行　清貞　行勝　正貞　清次　清長

と見える秀行である。また、大東急文庫蔵の「東大寺正倉院御開封記」(写本)の巻末に、

右宝物図勅使日野家別当宮両御所旅
尊命所献書写也
松田三郎左衛門秀行
行年六十歳

とある。(9)このことから松田秀行は「松田三郎左衛門秀行」であることが分かる。

竹柏園旧蔵の「正倉院御宝物絵図」が元禄六年の開封時に作製された宝物絵図の原本である可能性が高いが、この書物の所在が分らない現在、原本であるかどうかを確認することはできない。

以上のように残念ながら開封時に描かれた原本を確認できていないが、東京国立博物館の「東大寺正蔵院天平御道具図」(以下「東博本」)には図1の右に示したように、

這東大寺正蔵院
天平御道具図一巻以一乗院宮
本写云々

元禄乙亥十月下旬　　（花押）

という奥書がある。このことから「東博本」は一乗院宮が所持していた元禄六年の絵図の原本か、あるいは直後に書写されたものを、元禄八年（乙亥）に書写したものであることが分る。したがって、「東博本」は原本からの模写か、それに極めて近いものである。

元禄八年に絵図一巻を所持していた一乗院宮は「正倉院御開封記草書」にも現れる。

一御屏風之修覆、…（中略）…（八月）九日寺務宮還御故、御輿之供奉ニ而一坂迄御見送申帰畢、

一乗院宮江御使者被仰付故、相勤也、

この一乗院宮は、慶安二年（一六四九）に生まれ、宝永三年（一七〇六）に没した一乗院宮真敬法親王であろう(10)。一乗院宮は寛文四年（一六六四）に興福寺の寺務、翌五年別当となる。延宝二年（一六七四）に別当を辞すが、貞享元年（一六八四）に再び別当に補せられ、元禄一二年（一六九九）に辞した。正倉院が開封された元禄六年、所持していた絵図が書写された元禄八年の頃、一乗院宮は興福寺の別当の任にあたっていた時期である。当然、正倉院宝物の絵図に近い立場にあった人物であったことは間違いない。

安政四年（一七七五）に書写された宮内庁書陵部蔵「東大寺正倉院宝物図」（以下「宮内庁本」）や安永九年（一七八〇）書写の内閣文庫「南都東大寺宝物図」（図1の左　以下「内閣文庫本」）が、「東博本」の奥書の部分を丁寧に似せて写している。また、個々の宝物の絵を比較すると「東博本」をもとに、他が作成されていることが見て取れる。図2に示した「玉箒」の図からも分るように「東博本」は丁寧であり、「宮内庁本」や「内閣文庫本」は書写の際に生じる手抜きによって、退化した絵となっている。

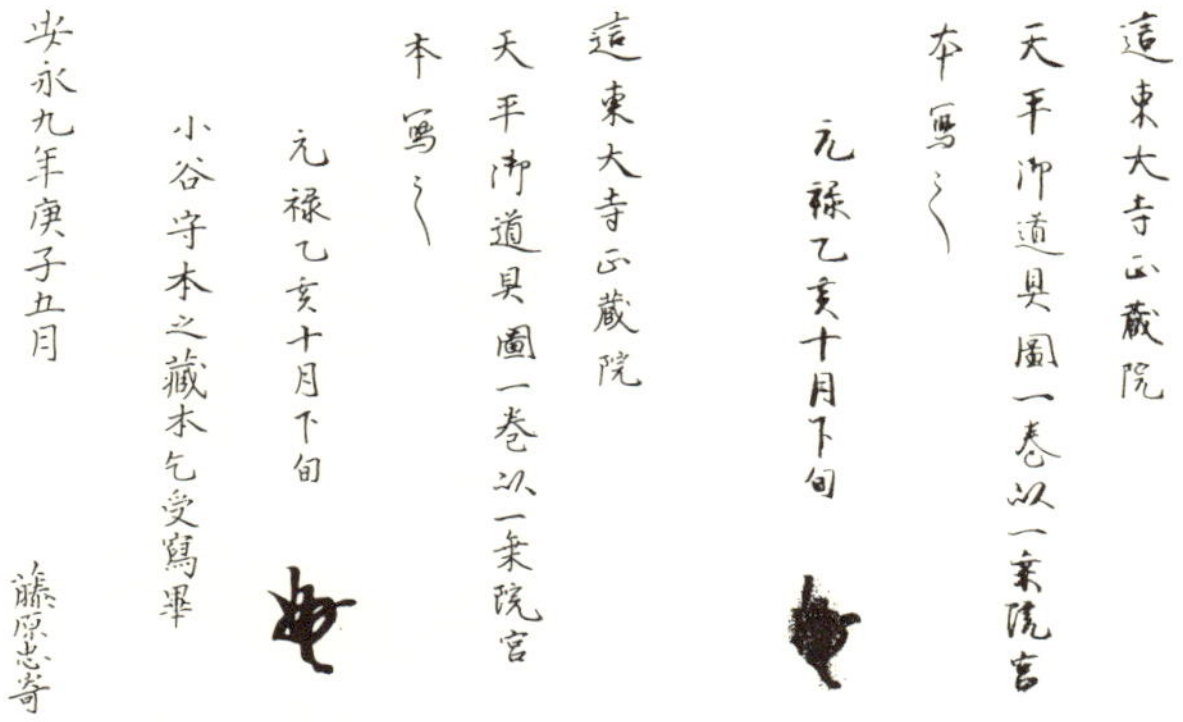

図１　正倉院宝物絵図「内閣文庫本」（左）「東博本」（右）の奥書

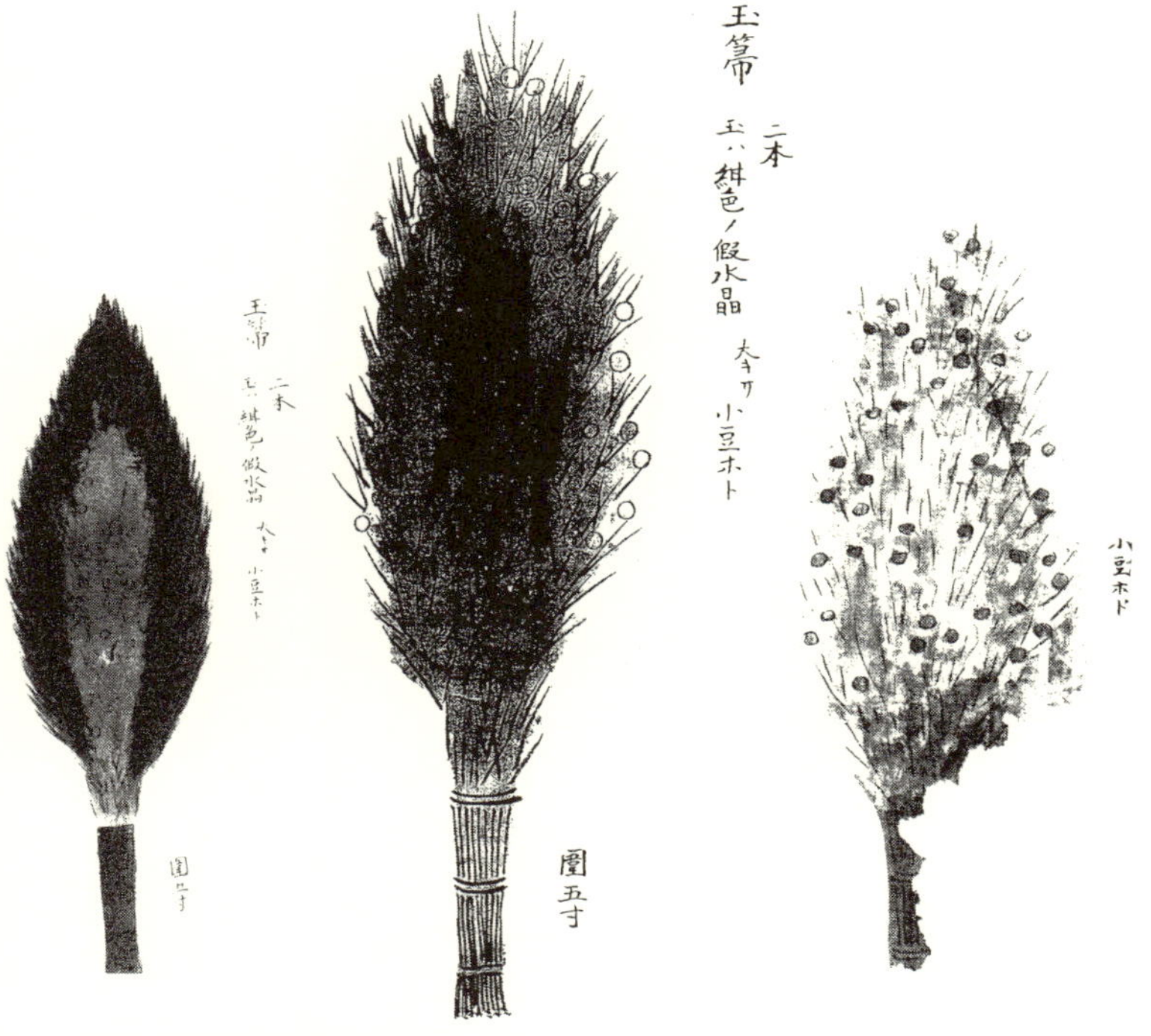

図２　玉箒「内庫文庫本」（左）・「宮内庁本」（中）・「東博本」（右）

奥書と個々の絵の特徴から「東博本」が最も古い写本と判断できる。

（三）描かれた宝物

最も古い写本である「東博本」は、巻頭の部分が切れている。そこで「宮内庁本」と「内閣文庫本」を参考に、「内閣文庫本」の巻頭「南都東大寺宝物図目録」に掲げられている宝物の絵「都合五十七品」のリストをあげてみる。なお、「宮内庁本」「内閣文庫本」とも「南都東大寺宝物図目録」の五七点に対応する絵があるが、名称があがっているのは五四点であり、三点がもれている。仮に個々の絵の順に番号を付すと以下のようになる。39～41は絵があるものの、巻頭の五四点には名称がなく、ここでは実物と照らし合わせて補ってみた（41は不明）。

1蘭奢待、2紅沈香、3玉箒、4碁盤、5吉備公碁盤、6双六盤、7象牙笏、8碼碯火鉢、9碼碯硯、10御弓、11御弓立、12御矢四通、13轡二通、14御鞍、15尻掛、16御脇息、17御花沓、18十六股鹿角、19小枝笛、20玳瑁如意、21黄金鉢、22手斧、23新羅墨、24玳瑁御杖、25御鑓、26四線、27琵琶、28酒器、29箙、30桐香箱、31計筭、32大仏開眼筆、33三十六遍御誦数、34十八遍御誦数、35瑞碧御誦数、36百八御誦数、37碼碯計筭、38柄香爐呂、（39玳瑁六角杖）、（40水晶付杖）、（41？）、42払子、43馨台、44碼碯尺八、45象牙尺八、46碼碯硯、47金紫銅花入、48白瑠璃得利、49竹尺八、50白瑠璃鉢、51金紫銅水瓶、52銀鍋、53銀鉢、54御寄掛、55南鐐小壺、56子日鋤、57御屏風

「東博本」は巻頭が切れていて、1蘭奢待　2紅沈香の絵がなく、3玉箒から後の部分が残っている。このように描かれた宝物を見ると「東大寺正倉院開封記」では中倉と南倉のみを調査したように記さ

れているが、北倉に収められている2紅沈香、31計算も描かれているので、北倉の宝物も調査されていることは明らかである。(11)

二　開封情報の伝播

元禄六年（一六九三）の開封によって得られた情報が、当時の社会でどのように伝わり、活用されたかを具体的に見ていきたい。

（一）宝物の絵図

正倉院に蔵された宝物に対する直接の興味から、元禄六年に描かれた宝物の絵図そのものが度々転写され、数十本の写本が現存していることは述べたとおりである。ここではその後の書物の中で、個々の宝物の絵が採用されている例を見たい。

・『本朝軍器考集古図説』

宝永三年（一七〇六）から宝永六年頃に成立した新井白石著『本朝軍器考』の元文開版の刊本に付されたのが、朝倉景衛《あさくらかげひら》の編集にかかる本書である。(12)本書には白石による正徳五年（一七一五）の序があるが、刊行されたのは後の元文五年（一七四〇）である。朝倉景衛は諸図を模写し、本書を編集した。図3に示したように、本書に集成された図の中に正倉院の武器の図がある。図4は「東博本」で対応する宝物の図である。矢の配列や、馬具を本来のセットの状態で描いているが、元禄六年の開封時に作成された宝物絵図の情報を利用して『本朝軍器考集古図説』が編集されているのは明らかである。

• 『集古十種』

松平定信が古文書・古器物・碑銘などを模写し、編集した図録で、寛政一二年（一八〇〇）の序がある。[13]図5の下段右に示したように「大和国奈良東大寺蔵瑪瑙硯図」が掲載されている。六角形の台座と、嵌め込まれた硯の位置は実物とは異なっている。実物は硯の硯尻と台座の一辺が平行する配置になっている。これは『集古十種』の誤りではなく、参考とした宝物の絵図そのものが実物とは異なっていたからである。図5の下段左は、江戸時代の終り頃に書写された天理図書館蔵「正倉院宝物図」の対応する硯の図である。[14]アングルは異なるが、六角形の台座と硯の配置は『集古十種』と同じである。元禄六年の事実誤認までもが、そのままに引用されてしまっている。

• 『古今要覧稿』

わが国最初の類書といわれる。幕命を受けて屋代弘賢《やしろひろかた》が一八二一〜四二年に五六〇巻を調進した。[15]図5の上段に示したように元禄六年開封の情報が利用されている。

• 『好古小録』『好古日録』

いずれも藤貞幹《とうていかん》（藤原貞幹《さだとも》）が著したものである。『好古小録』は寛政六年（一七九四）、『好古日録』は寛政八年（一七九六）の序をもつ。[16]この二著では正倉院宝物の絵図そのものは引用されていないが、貞幹自身が宝物絵図を見ていることが分る記述がある。『好古小録』では、

〔六十八〕東大寺三倉宝物図　一巻

此図、余見ル所三種アリ。一ハ普通本、一ハ琴及象牙等ノ図アル本、一ハ都維那祐想模本。

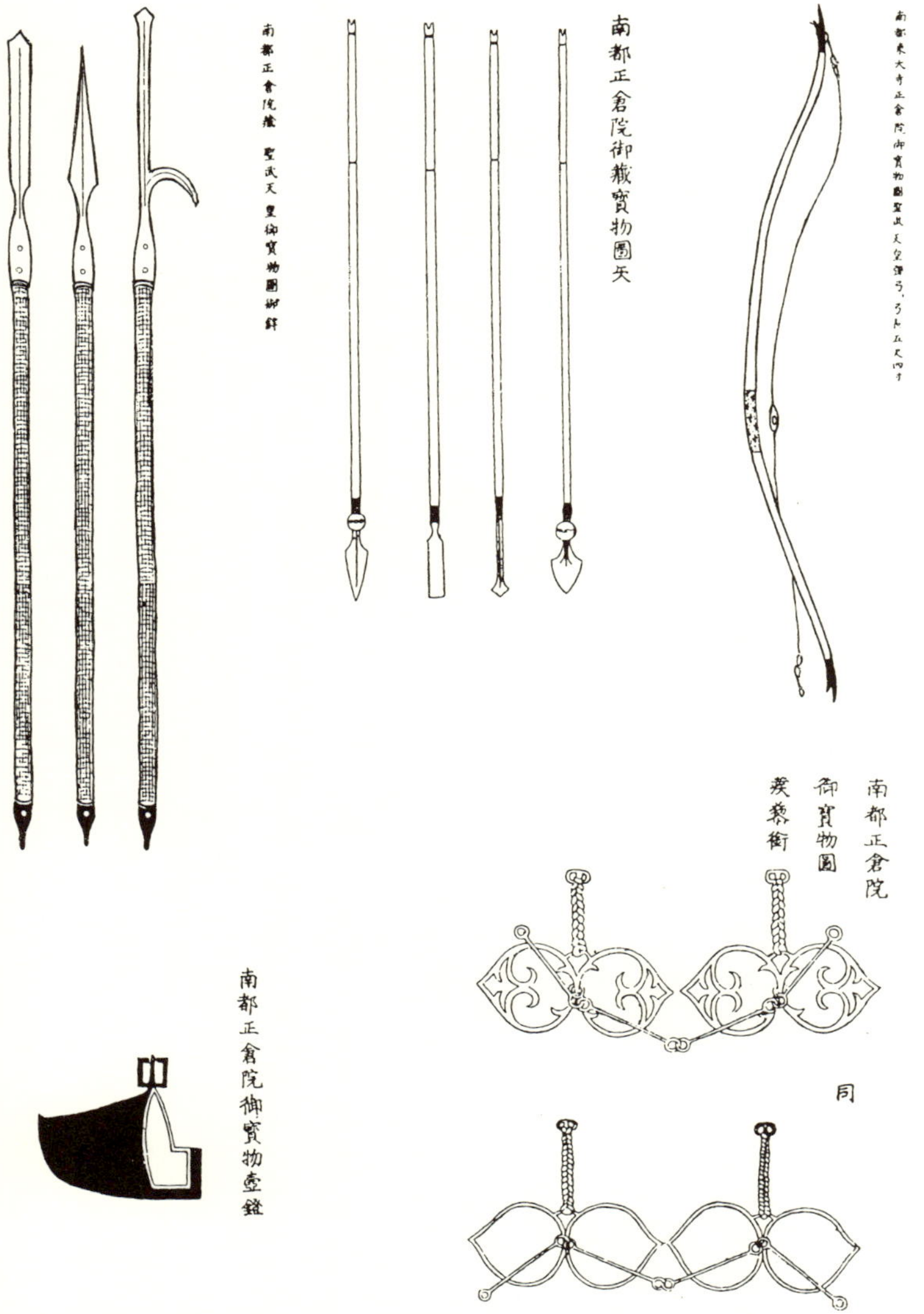

図3　『本朝軍器考集古図説』に見える正倉院宝物（『改訂増補　故実叢書』21巻　明治図書出版1993より）

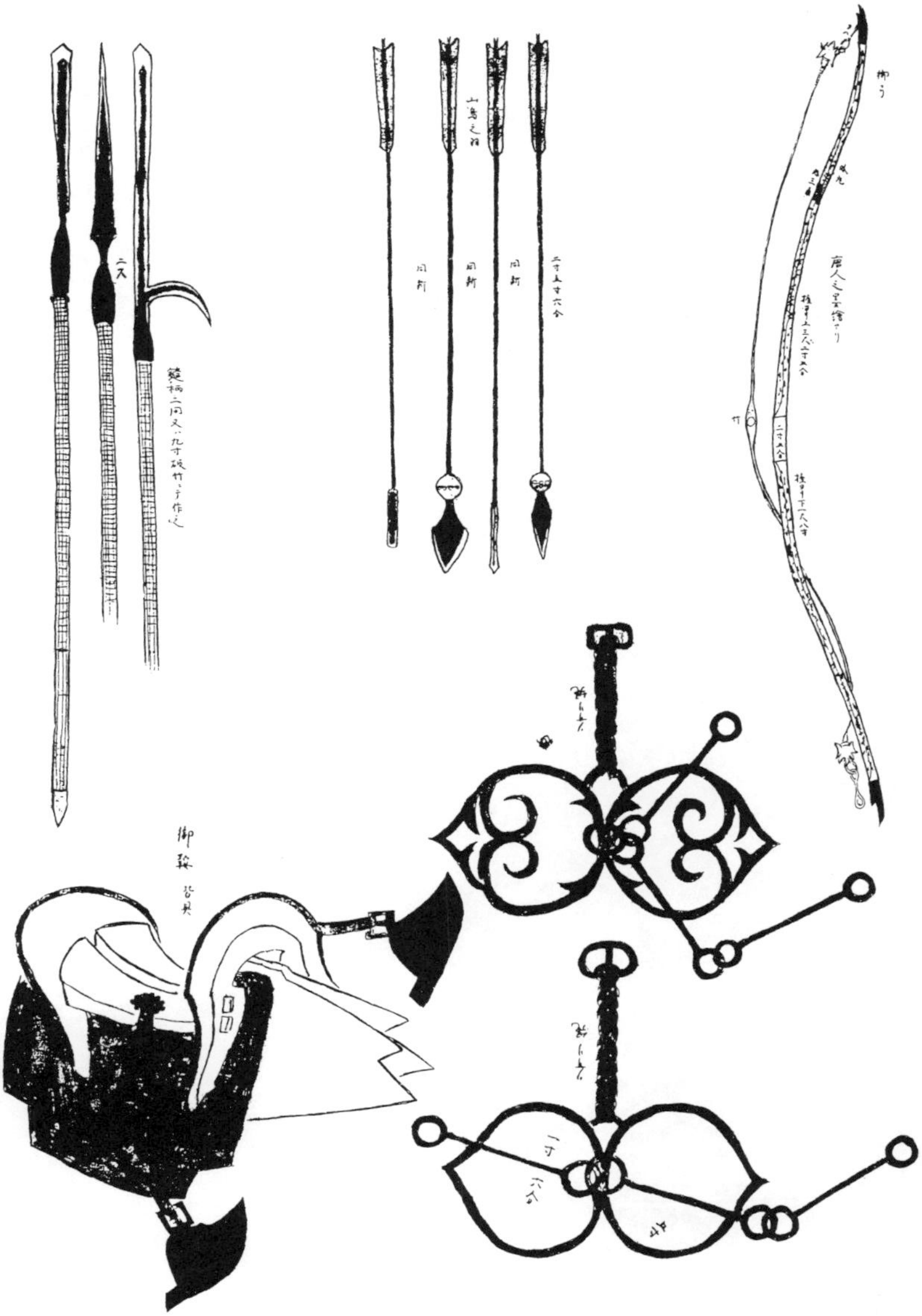

図４　『本朝軍器考集古図説』に対応する正倉院宝物（「東博本」）

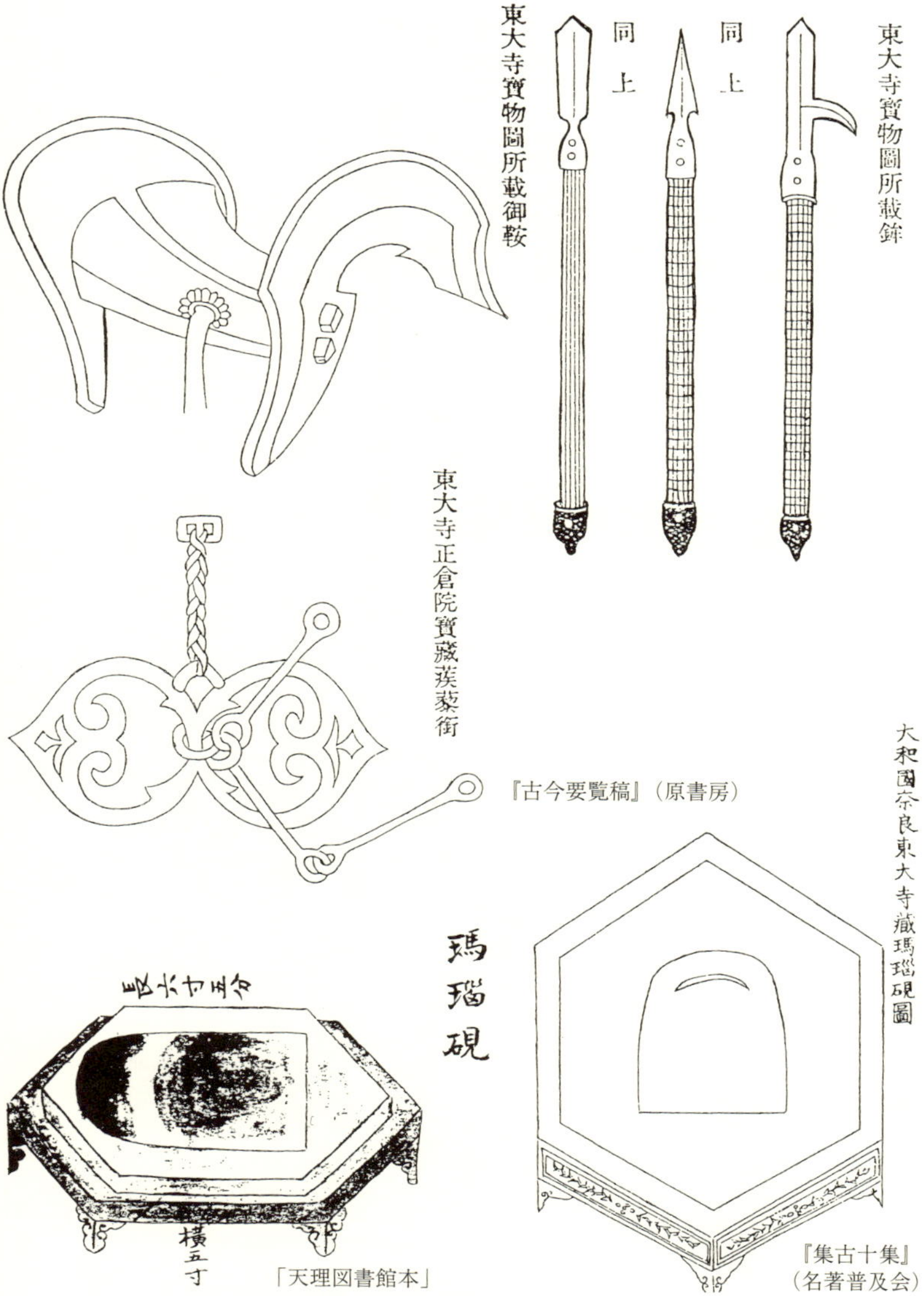

図5　『集古十集』『古今要覧稿』に見える正倉院宝物

『好古日録』では、

〔七十六〕歴世古物

……○東大寺勅封倉中多聖武帝御宇物有図及目録。……

とある。貞幹が元禄六年の宝物絵図を見ていることが確認できる。さらに『好古小録』の時点でタイプの異なる三種の宝物図が流布していたことも分る。

狩谷《かりや》棭斎《えきさい》（一七七五～一八三五）も宝物絵図を見ている。『本朝度量権衡攷』(17)の「本朝度量攷」に、

東大寺三倉実物図に載せたる尺八は長さ一尺四寸五分と記せり。

とある。

このように元禄六年の開封の際に作成された宝物絵図が、その後のさまざまな研究で注目され引用されている。正倉院宝物は、絵図そのものが数多く書写されているだけでなく、個々の宝物についても学問的な興味の対象になっていたことが分る。

(二)　物産

寛保二年（一七四二）の『古梅園墨譜』(18)によると、図6の上段に示したように正倉院宝物を模した墨がつくられている。「新羅　天平年間御墨」とある唐墨形の墨には「新羅柳家上墨」とある。実物の墨の文字は「新羅楊家上墨」である。「柳」字は実物では「楊」である。「楊」を「柳」としてしまったのは、元禄六年の絵図を参考にして墨をつくったからである。図6の下段右は天理図書館蔵「正倉院宝物図」の対応する墨の図である(19)。元禄六年の絵図は「新羅柳家上墨」であり、この図の情報をもとに古梅

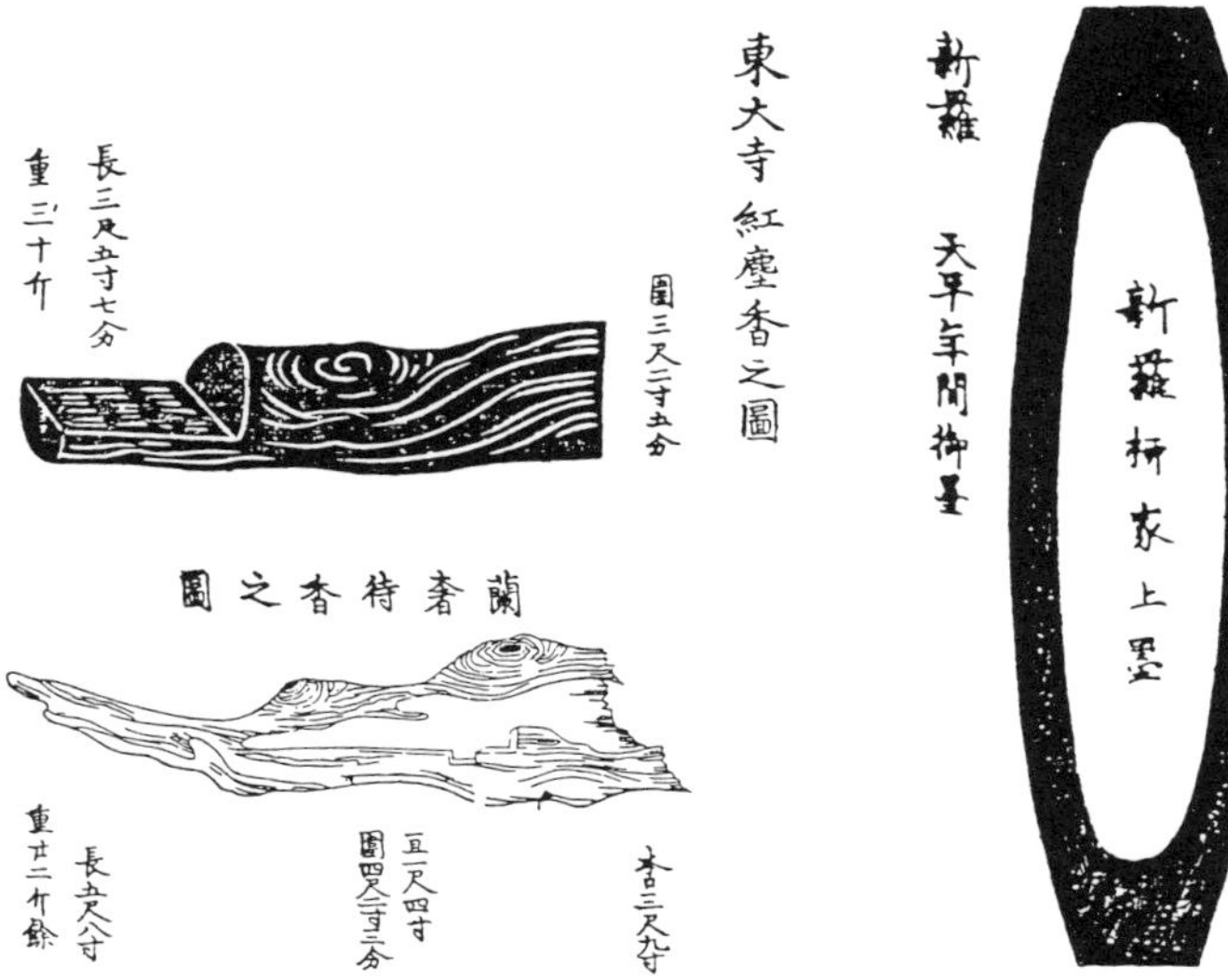

『古梅園墨譜』（大阪府立中之島図書館蔵）

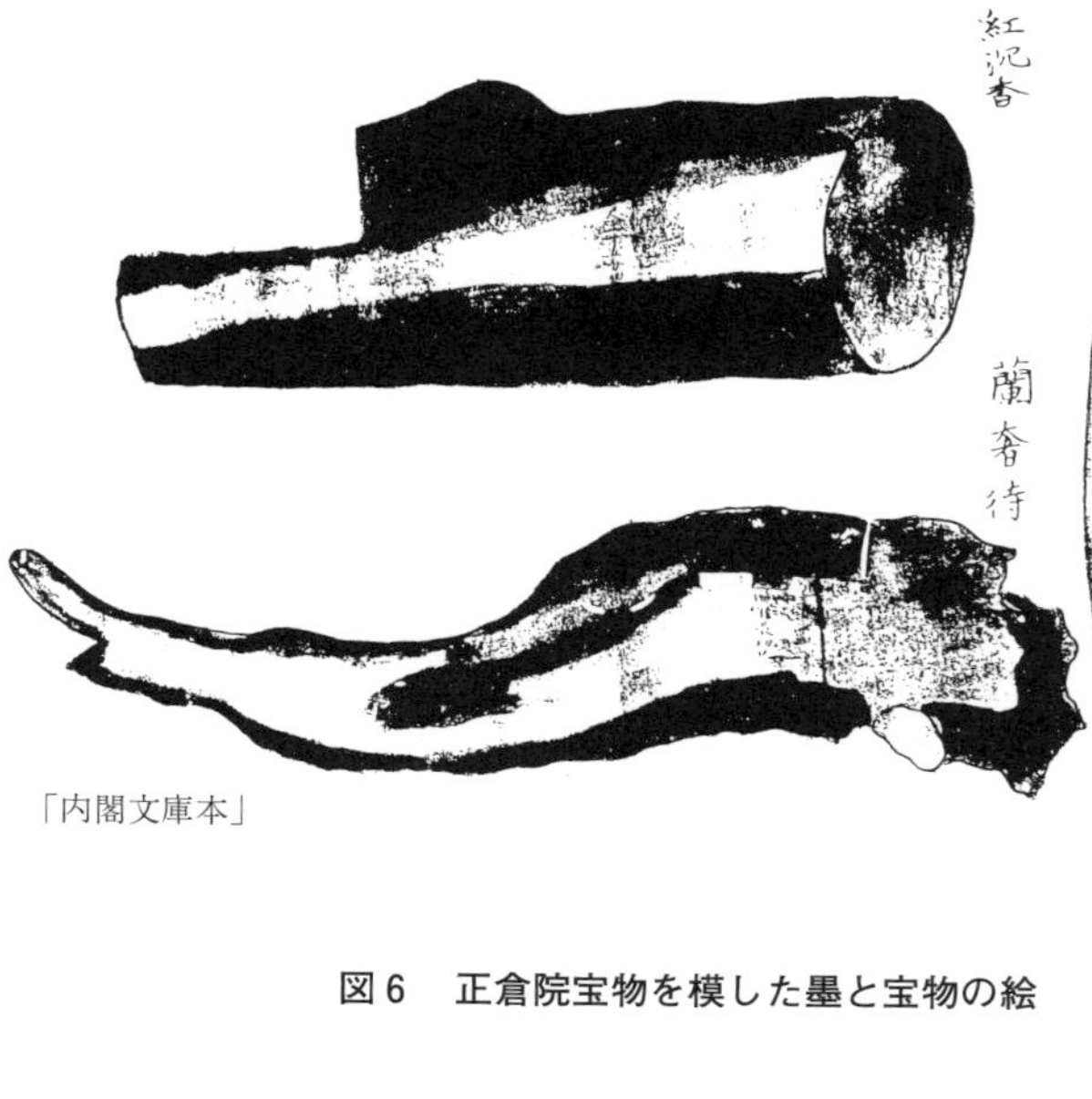

「内閣文庫本」

「天理図書館本」

図6　正倉院宝物を模した墨と宝物の絵

園で新羅天平年間御墨「新羅柳家上墨」がつくられたことは明らかである。また、香木を模した墨もある。「東大寺紅塵香之図　長三尺五寸七分　重三十斤　囲三尺二寸五分」「蘭奢待香之図　木口三尺九寸亘四尺二寸三分　長五尺八寸　重廿二斤余」とある墨も、元禄開封の情報によるものである。

宝物を模した墨は、元禄六年から五〇年程後の書物『古梅園墨譜』でしか確認できない。しかし、これまで見てきたように、宝物に対する関心の高さを知ると、このような「正倉院墨」は開封直後から作られていたにちがいない。

三　元禄六年開封前後の文化的状況

(一)　東大寺大仏と大仏殿の復興

東大寺は永禄一〇年（一五六七）の三好三人衆と松永久秀との兵火で、大仏殿を含む諸堂が消亡し、再興はすすまなかった。貞享元年（一六八四）に竜松院公慶は大仏復興の訴願を幕府に提出した。幕府の許可が下されると、行基、重源の先例にならい畿内を勧進し、元禄四年（一六九一）、残っていた室町時代の胴部の上に、現在我々が対面する頭部を復元した。翌元禄五年に盛大な大仏開眼供養を行った。続いて大仏殿の復興事業にかかり、宝永六年（一七〇九）に大仏殿の落慶供養が行われた[20]。

元禄六年の正倉院開封は、大仏の再興から大仏殿の復興という東大寺の大事業の途中に行われた一事業としてとらえることができよう。

（二）法隆寺の江戸出開帳

法隆寺は老朽化した伽藍を修復する経費を捻出するために、元禄三年（一六九〇）に金堂・夢殿・聖霊院を開帳し、大成功をおさめた。これに自信を得た法隆寺は、四年後の元禄七年に江戸本所の回向院に宝物を運び出開帳を行った。江戸での出開帳も大成功をおさめ、この時に集まった浄財によって法隆寺は再生したという(21)。

公刊されている史料からは、元禄六年の正倉院開封と、翌年に行われた法隆寺の江戸での出開帳との関係は裏付けることができない。しかし、言うまでもなく法隆寺と東大寺は同じ大和国にあり、一日で往復できる位置にある。元禄六年に行われた正倉院開封の状況を、法隆寺も充分に承知していたはずである。法隆寺以前に回向院で出開帳が許されたのは延宝四年（一六七六）の近江石山寺と、元禄五年（一六九二）の信濃善光寺のみである(22)。他国からの出開帳の前例は少なく、多くの困難が予想されたにもかかわらず法隆寺が江戸へ向かったのは、正倉院の開封を通じて認識した人々の古物に対する興味の大きさを目《ま》の当たりにしたからであろう。

〔関連年表〕

元禄３年（1690）	法隆寺の開帳
元禄５年（1692）	東大寺大仏開眼供養
元禄６年（1693）	正倉院開封
元禄７年（1694）	法隆寺の江戸出開帳
元禄10～12年	陵墓探査
宝永６年（1709）	東大寺大仏殿落慶供養

（三）陵墓調査

現在宮内庁が管理する陵墓の大枠は、蒲生君平《がもうくんぺい》『山陵志』、北浦定政《きたうらさだまさ》『打墨縄』、津久井《つくい》清影《きよかげ》（平塚茂喬《ひらつかしげたか》）『陵墓一隅抄』、谷森善臣《たにもりよしおみ》『山陵考』などの研究をもとに幕府が行った文久の修陵によるものである。しかし、陵墓の治定作業は幕末のみに行われたのではない。中世以降、陵墓は所在不明となるものが少なくなかった。幕府が陵墓の探索と修陵を行うのは元禄一〇年（一六九七）から一二年（一六九九）にかけてである(23)。

元禄の陵墓探索の要因のひとつに、直前に行われた元禄六年の正倉院開封に端的に表れた、当時の社会の、古物や歴史への関心の高さがあったことが容易に推定できる。

おわりに

江戸時代中期、元禄六年に行われた正倉院の開封について見てきた。この時に初めて宝物の絵図が作成され、開封に直接立ち会った人以外でも宝物について具体的に知る条件ができた。確認した最も古い写本は東京国立博物館に蔵される元禄八年（一六九五）書写の「東大寺正蔵院天平御道具図」である。この他に数十点にのぼるとみられる写本が伝わっており、正倉院宝物に対する江戸時代の人々の興味の大きさを知ることができる。また、宝物個々の情報がさまざまな「集成図」(24)に引用されていることは、宝物絵図の写本の広がりと、宝物に対する学問的関心の高揚がうかがえる。さらに、正倉院宝物への興味の大きさを踏まえ、宝物を参考にした、今日的に言うところの〈正倉院グッズ〉が元禄の開封直後から作られていることも面白いことである。

世間の大きな関心を集めた元禄の開封は、それだけが単独に実施されたのではない。大仏の修復と大仏殿の再建という東大寺の大事業の最中《さなか》に行われたのである。二回目の開封から三回目の寛文六年（一六六六）まで六三年、三回目から四回目の元禄六年まで二七年、五回目の天保四年まで一四〇年である。

四回目の元禄までの二七年間は短かすぎる時間ではなかろうか。大仏の修復と大仏殿の再建へと、東大寺の大事業が進行する中で、東大寺と周辺の文化的環境が頂点に盛り上がった状況のもとで、正倉院の開封が企画・実施されたのではなかろうか。

元禄の開封によってもたらされた宝物の情報は、極めて大きな関心を呼び、さまざまな形で伝播していったのは見てきたとおりである。正倉院宝物に対する関心は、古物と歴史に対する興味をさらに呼び起こしたにちがいない。正倉院開封の翌年、法隆寺は自ら所蔵する古物を沢山に携えて江戸へと向かったのである。世間の古物への関心の高揚の中で行われた出開帳は大成功したらしく、集まった浄財によって法隆寺は伽藍の大修理を行うことができた。元禄期にはじまる古物と歴史への関心は、幕府による陵墓の探索と修陵へのきっかけのひとつとなったのであろう。

註

（1）　阿部弘「天保の開封と宝物調査」（奈良国立博物館『昭和六十二年「正倉院展」目録』一九八七年）。東野治之「正倉院の近代」（『正倉院』岩波新書　一九八八年）、「正倉院宝物の伝来」（『遣唐使と正倉院』岩波書店　一九九二年）。

（2）　『続々群書類従』「第十六　雑部」所収。この他に「正倉院御開封記草書」「東大寺三倉開封勘例」が詳しい。

（3）　米田雄介「近世から近代の正倉院」（『週刊朝日百科　皇室の名宝4』一九九九年）では「元禄度の調査は前回の寛文度の調査を基に所在調査を行う一方、宝物の内容にわたって、たとえば法量（寸法）・銘文などが詳しく記録されるようになった。またこのとき、東大寺別当勧修寺宮済深親王が絵師に命じて宝庫中の『珍財之分』を描かせ、これまでほとんど人目につかなかった宝物が、具体的な姿で人びとの前に提示されるようになっている。」と述べている。

(4) 佐佐木信綱編『竹柏園書志』（厳松堂書店　一九三九年）。
(5) 『大人名辞典』（平凡社　一九五七年）。
(6) 『国史大辞典』「ささきのぶつな」の項（吉川弘文館　一九八五年）。
(7) 一九九四年一月から二月頃に私が問い合わせた時の情報である。
(8) 『続々群書類従』「第十六　雑部」所収。
(9) 『大東急記念文庫貴重書解題　第三巻』「国書之部」（大東急記念文庫　一九八一年）。
(10) 『群書解題』第二二人名索引「一乗院宮」（真敬法親王）から引いた、第六巻三六五頁、第七の四〇〇～四〇一頁による。
(11) 「正倉院御開封記草書」には、

　　同年八月七日正倉院御閉封

　　……三綱自南倉、始中北倉刺錠、……

とあり、北倉も中倉・南倉とともに開封されたと記されている。これにより北倉も開封されていたのは明らかである。
(12) 『本朝軍器考集古図説』は『改訂増補　故実叢書』二二巻（明治図書出版　一九九三年）による。
(13) 『集古十種』は名著普及会本による。
(14) 最も古い写本である「東博本」を提示すべきであるが、コピーでは台座の上面が黒くつぶれてしまうので天理図書館本を用いる。
(15) 『古今要覧稿』は原書房本による。
(16) 『好古小録』『好古日録』は『日本随筆大成　新装版』一期二二巻（吉川弘文館　一九九四年）による。

(17)『本朝度量権衡攷』は『覆刻　日本古典全書』(現代思潮社　一九七八年)による。
(18)『古梅園墨譜』は奈良の古梅園六代松井元泰(一六八九～一七四三年)が編纂したもの。寛保二年(一七四二)の自跋がある。一九九三年に松尾良樹編で古梅園から『古梅園墨譜』が復刻された。なお、この本の入手にあたっては古梅園の井谷輝雄氏のご高配を賜った。
(19)「東博本」をコピーすると文字が見えにくいため天理図書館本を用いる。
(20)堀池春峰「元禄時代・大仏殿虹梁の運漕に就いて」(『大和文化研究』五—八　一九六〇年)。前田泰次他『東大寺大仏の研究』(岩波書店　一九九七年)。
(21)樋口秀雄「元禄天保　法隆寺霊宝の江戸開帳」(『ミュージアム』九九　一九五九年)、「法隆寺霊宝の江戸開帳続貂」(『ミュージアム』三三九　一九七九年)。『法隆寺元禄秘宝展—江戸の出開帳から—』(法隆寺　一九九五年)。『法隆寺元禄秘宝展—再現・元禄江戸出開帳—』(サントリー美術館　一九九六年)。
(22)比留間尚「江戸開帳年表」(『江戸町人の研究』二　吉川弘文館　一九七三年)。
(23)羽中田岳夫「江戸時代における天皇陵と幕府・民衆」(『「陵墓」からみた日本史』青木書店　一九九五年)。
(24)集成図については内田好昭「日本の集成図」(『考古学史研究』五　京都木曜クラブ　一九九五年)に詳しい。

〔実見した元禄六年正倉院開封関連写本〕

東京国立博物館蔵
「東大寺正蔵院天平御道具図」(と—一〇五〇七)元禄八年(一六九五)書写
宮内庁書陵部蔵
「東大寺正倉院宝物図」(B七—四四六)安永四年(一七七五)伊勢平蔵貞丈書写

「正倉院宝物図録　附熊野新宮宝物図」（葉―一〇八六）

「正倉院宝物之図」（二〇六―三三八）文化七年（一八一〇）書写

「正倉院宝物絵図　天保四年開封」（五五八―一一九）

　※天保四年の開封のものではなく元禄時開封のもの

内閣文庫蔵（国立公文書館）

「南都東大寺正蔵院宝物記」（一九八―七〇）嘉永五年（一八五二）小高信安書写

「南都東大寺宝物図」（二六二―三九）安永九年（一七八〇）藤原（大久保）忠寄書写

「雲上宝器集（東大寺正倉院御開封記録）」（一九八―五四）

「東大寺正倉院御宝物之図　附御宝物目録」（二六二―四一）

大東急記念文庫蔵

「東大寺正倉院御開封記」（一一―三一―二―二二二）

「正倉院御宝物図」（一一―三一―一―二二一九）

「東大寺宝物図」（一一―三一―二―二一一五）享和二年（一八〇二）星聚楼主人書写

静嘉堂文庫蔵

「東大寺正倉院開封行列記」（丙一―二）

「東大寺三蔵　正倉院御宝物絵図」（七九―六三）

天理図書館蔵

「正倉院宝物図」（一八八・一―イ五）江戸時代末期書写

大阪府立中之島図書館蔵

「東大寺御宝物図」（二三一―二）

「東大寺正倉院宝物図」（九〇二―二）

5　正倉院宝物と忠臣蔵

一　一二月の恒例行事

一二月になると少し心待ちにする年中行事的な事がある。東京亀有生まれの私にとっては、それは奈良の春日若宮の「おん祭」ではない。一二月は「忠臣蔵」である。元禄一四年（一七〇一）三月一四日、江戸城松の廊下で起きた刃傷事件を発端として、翌一五年一二月一五日未明に赤穂浪士が吉良邸宅に討ち入った。一六年二月四日に赤穂浪士に切腹が命じられ、吉良義周にも処分が下り決着となった事件である。

この事件そのものに対する興味というより、赤穂浪士の討ち入りに題材をとった「仮名手本忠臣蔵」を楽しみにしているのかもしれない。「仮名手本忠臣蔵」は寛延元年（一七四八）に大坂竹本座で初演された浄瑠璃である。後に歌舞伎や芝居で演じられる。

幕府という巨大な権力に、身ひとつで立ち向かった赤穂浪士「忠臣蔵」に対する思いは江戸の民《たみ》の心を捉えてきた。

二　元禄の正倉院宝物開封と法隆寺の江戸出開帳

刃傷事件の八年前の元禄六年（一六九三）、正倉院が開封され宝物点検が行われた。この時の調査では宝物の絵図、今日的に言えば図録が作られた。正倉院宝物に関する初めてのビジュアルな情報だったので、たくさんの写本が作られた。宝物のうちで一番注目されたのは天下一の名香とされてきた「蘭奢《らんじゃ》待《たい》」である。室町将軍足利義満以来、何人かの天下人が截《き》っており、名香の誉は知れわたっていたが、その姿を知るものは極僅かであったに違いない。宝物絵図の情報から、地元奈良の古梅園は蘭奢待形の墨をはじめ、いくつかの正倉院物の墨を作っている（『古梅園墨譜』一七四二年）。

各所に伝わっている宝物絵図の写本や、正倉院宝物を模したグッズの存在は、当時の古物に対する興味の大きさを表している。

正倉院宝物に対する評判は当然のことながら法隆寺の耳にも入っていたはずである。既に法隆寺では元禄三年（一六九〇）に堂宇を開け、一般の民に開帳を行っているのである。正倉院宝物に対する評判を背景に、法隆寺は次なるイベント、江戸に宝物を運んでの出開帳を、正倉院開封の翌年、元禄七年（一六九四）に行った。会場となったのは本所の回向院。この時の出開帳は大成功をおさめ、集まった浄財によって法隆寺では元禄の大修理が行われた。

三　吉良上野介と法隆寺出開帳

松の廊下で赤穂藩主浅野内匠頭に切りつけられた吉良は、高家筆頭であった。朝廷からの使者を接待する役を命ぜられた浅野が、何故に吉良に刃を向けたのかはここでは詮索しないことにする。

吉良の役職「高家」とは、幕府の儀式や朝廷への使節、伊勢神宮、日光東照宮への代参などの諸礼を司った家である。このような役職に就いていた吉良が、回向院で行われた法隆寺の出開帳に足を運ばないはずはない。残念ながら吉良が回向院の出開帳に出向いたという記録を未だ見い出してはいない。歴史学の研究では史料で裏付けができないことには言及しないのが常道である。しかし、高家という吉良の立場と、正倉院・法隆寺と続く古物に対して世の中の興味が高揚している時代にあって、高家筆頭の吉良が回向院で行われている法隆寺の出開帳を見ていることは間違いないと私は考える。

四　蘭奢待からはじまる巡り合わせ

関ヶ原の合戦（一六〇〇年）から百年という時がたち、世は太平の時代となった。太平の世だからこそ、正倉院や法隆寺の宝物への興味や、学問が興隆していった。一方では、太平の世でありながら、主君への忠義を果たすために身をささげた赤穂浪士の魂が民の喝采を浴びたのである。

ここで奇妙な巡り合わせについて順を追ってたどってみたい。

元禄六年（一六九三）の正倉院開封によって宝物への興味が広がる。とりわけ天下の名香蘭奢待への注目は大きかった。

元禄七年、正倉院宝物への興味の高揚を受け、法隆寺は江戸回向院で出開帳を行う。高家筆頭の吉良上野介も回向院に出向き、法隆寺の宝物を見たはずである。

元禄一四年（一七〇一）三月一四日、江戸城松の廊下で刃傷事件がおきる。

元禄一五年一二月一五日未明、赤穂浪士が吉良邸に討ち入る。赤穂浪士が討ち入った本所の吉良邸は、法隆寺が出開帳を行った回向院から東へ数百メートルの所である。

寛延元年（一七四八）、大坂竹本座で吉良と赤穂浪士を題材にした「仮名手本忠臣蔵」が初演される。「仮名手本忠臣蔵」の冒頭、大序「鶴ヶ岡兜改めの段」に、元禄六年の開封で天下にその姿を現した蘭奢待が登場する。亡き主君の兜を蘭奢待の香りによって選び出すという設定である。「兜改めの段」は、後に続く物語展開とは何らかかわるところがない。世間で評判となっている名香蘭奢待を登場させるだけのために設けられた段のようである。

蘭奢待→法隆寺出開帳→刃傷事件・討ち入り→「忠臣蔵」で蘭奢待登場。このような図式になるであろう。正倉院宝物と蘭奢待の評判を受けて、法隆寺は江戸で出開帳を行った。この開帳を見た吉良は、何年後かに、当時としては起こりようのない事件に遭遇し、この事件をもとに創られた劇の冒頭を蘭奢待が飾るのである。

「忠臣蔵」に蘭奢待が登場するのは、当時評判となっていた蘭奢待という文言を単に取り入れただけではないのだろう。高家筆頭である吉良上野介自身も蘭奢待に興味を寄せていて、周囲もこのことを知っていたのだろう。これが赤穂浪士の「忠臣蔵」に唐突に蘭奢待が登場する理由であろう。

実証できる史料がないと発言できない歴史研究のもどかしさを感じる。

Ⅲ　聖徳太子と法隆寺の周辺

1　唐本御影の果たした役割

はじめに

聖徳太子、日本に住いする者にとっては歴史上の人物の中で最も顔が知られた人物であろう。それというのも、昭和五年（一九三〇）一月一一日に発行された「乙百円券」に登場し、昭和五九年（一九八四）に、五千円と一万円紙幣が新渡戸稲造と福沢諭吉に変更されるまで、戦前、戦後を通じて五〇年以上にわたり高額紙幣の顔として使われ続けてきたからである。

図１　唐本御影（聖徳太子二王子像）（宮内庁蔵　『週刊朝日百科　皇室の名宝11　御物１』朝日新聞出版1999より）

皆に親しまれた聖徳太子のお顔は「唐本御《とうほんみ》影《えい》」（図1）と呼ばれている画像からとったものである。「唐本御影」がいつ作成されたのかについては多くの議論があり、人物が着している冠や服の検討から、奈良時代に制作されたという見解、あるいは平安時代に模写されたとする見解もある。小文は「唐本御影」それ自体の制作年代を検討することが目的ではないので触れないことにする。

本節では「唐本御影」が作成されて以降、法隆寺でどのように伝わってきたのかを跡付けたい。具体的には史料にどのように現れるのか、また、模写・転写された「唐本御影」を見ていきたい。この作業を通じて「唐本御影」が法隆寺で果たした役割を考えてみたい。さらに、個人に対する信仰としては聖徳太子と双璧をなす菅原道真＝天神画像のあり方と「唐本御影」といささかの比較も試みたい。

一　「唐本御影」の伝来にかかわる近年の見解

「唐本御影」は、明治一一年（一八七八）に法隆寺から皇室に献上された寺宝に含まれていた。皇室への献納宝物の殆どは、第二次世界大戦後に国有化され、東京国立博物館で保管・展示されている。しかし、「唐本御影」と「法華《ほっけ》義疏《ぎしょ》」は皇室に残され〈御物〉となり現在に至っている。〈御物〉となってしまった「唐本御影」は、法的には国宝・重要文化財といった〈文化財〉の範疇とは異なる世界のモノとなってしまった。そのためか、研究の世界でも古来より「唐本御影」が人々の目から離れた場所で秘蔵されてきたという風な見方がある。

以下、私の目にした「唐本御影」の伝来について述べている近年の見解をみたい。

〔石田茂作　一九七六〕

ただしこの像は法隆寺において秘蔵して衆目する事の少なかったためか、模本が二、三ある以外、この像様によって作られた太子像はまったくないと云ってよい。

〔田中一松　一九七七〕

なお聖徳太子に関する伝記や著作の刊行は鎌倉以降近世に至るまで絶えないが、唐本御影に関してはあまり著しい研究の発展を見なかったようである。ところが明治時代に入ると、にわかに古代史学や風俗史学の先覚大家たちの間にこの御影をめぐって活発な論議や考証が進められるようになった。

〔石川知彦　一九九七〕

平安時代末期においても顔貌や服制など図像上ほかの太子と異なる特殊な像として認識されていた。ところが鎌倉時代に至り、法隆寺復興につとめた慶政や顕真らの努力によって、「唐本御影」「阿佐太子筆」として一躍太子像の古本として脚光を集めた。そのため鎌倉後期以降ことさら注目され、現在管見の限りでも御物本の強い影響下にある薬師寺本（鬚を蓄えない独尊像）のほか、法隆寺に二本と、冷泉為恭の二本の模写本が知られる。

石田は「唐本御影」が法隆寺において秘蔵されていたと述べる。そのため人々の目に触れることが少なく、模写が二、三あるのみと述べている。田中は、聖徳太子そのものについての研究は鎌倉時代以降さかんになされたが、「唐本御影」に関しては研究されることがなかったと述べる。この理由については言及していないが、おそらく石田の言うように「唐本御影」が秘蔵されていたということが前提になっているのであろう。石川は、平安時代末期に「唐本御影」が特殊な像として認識されるようになり、鎌倉時代以降に脚光を集めるようになったと述べていることは重要な指摘である。

「唐本御影」は法隆寺において秘蔵されてきたのであろうか。石川の言う鎌倉時代以降「唐本御影」はどのように扱われてきたのだろうか。

二　「唐本御影」にかんする記述と絵画史料

以下、管見に入った「唐本御影」に関する史料を示す。

A　保延六年（一一四〇）　大江《おおえ》親通《ちかみち》『七大寺巡礼私記』

宝蔵

北有七間亭、其東端二間号宝蔵、其内種々宝物等、

太子俗形御影一舗、

件御影者唐人筆跡也、不可思議也、能々可拝見、

Aは「唐本御影」に関する最初の史料である。大江親通（?〜一一五一）が保延六年の時点で見たのは「太子俗形御影」であり、この時点ではその作者については「唐人筆跡也」と語られている。

B　嘉禎四年（一二三八）　顕真『古今目録抄』上

次太子御影、但於此有多義、当寺相伝者、唐本御影也、唐人為申結縁、詣御前、其人前為彼、応現給、而間書二複、一本ヲバ留日本、一本ヲバ本国持帰、故云唐本御影、唐人書故云唐本、西山聖人云、非唐人、百済阿佐之前現給形云々、或摂政関白殿下兼経宣、更非他国之像、日本人装束、其昔

図２　聖徳太子摂政像
（薬師寺蔵　『聖徳太子展』2001より）

皆如此也、故日本之様云々、御冠太刀ヲ帯給ヒ持笏立像也、二人ノ童子ハ二人ノ王子也、此真実御影也、
或云、唐人染筆写之故云唐本御影云々、
西松慶政上人勝月房為令久故、御裏押絹給、其時表紙令替錦給、
嘉禎四年戊戌八月十四日近衛殿下

『古今目録抄』は別名『聖徳太子伝私記』、四天王寺本の『古今目録抄』（一二二七年）とは別本である。上巻には法隆寺と太子に関する秘伝が、下巻（一二三九年頃成立）には太子の舎人、調使麻呂が完成したとする秘事口伝を載せる。顕真によるこの『古今目録抄』によって、新たな法隆寺の歴史が創られるのである。法隆寺の新たな歴史が創られる過程において「唐本御影」が再発見される。そして大江親通の時代には「唐人筆跡也」であったものに、百済国の阿佐筆といったような新たな由来が作られ、付加されるのである。

C　一三世紀　聖徳太子摂政像（薬師寺蔵）（図２）

この絵については「唐本御影の影響下で制作された中世の唯一の遺品とみられる。…（中略）…両肩から袖にかけての袍衣の形を忠実に写す一方、褐色地の袍衣に唐本御影にはない白茶の繊細な花唐草文を施し、鎌倉後期頃の作と考えられる。他本への影響関係が希薄な孤本として伝来してきた唐本御影の、中世における受容の様がみてとれる。」（『聖徳太子展』二〇〇一年）とあり、「唐本御影」との直接的な関係が指摘されている。

D　正中二年（一三二五）九月二八日『嘉元記』

御重宝、関東より御上洛畢、〔割註〕為鵤庄之沙汰、梵網経一巻、箭前一、唐本御影、関東御下使、慶賀延了子五師、」

法隆寺領の播磨国鵤《いかるが》庄をめぐる訴訟の際、法隆寺の立場を通すため、幕府を威圧する道具として関東まで持ち出された品の一つに「唐本御影」があったのである。

E　貞治三年（一三六四）『法隆寺縁起白拍子』

上宮太子異朝人為現□給時、唐朝之絵師、御姿移留唐本御影像、

F　文明一五年（一四八三）『法隆学問寺御舎利殿宝物以下目録』

太子御影二輔、〔割註〕云唐本御影也、但有異説之」箱入之、

ここでは「太子御影二輔」とある。この時点で法隆寺に「唐本御影」の原本とは別の写しがあったことが分かる。Cの現在薬師寺に蔵されている「聖徳太子摂政像」（鎌倉時代）のようなものが法隆寺に蔵されていたのだろうか。

G　天文二三年（一五五四）『金堂幷聖霊院曼陀羅事』

唐本太子御影事

吾朝上宮太子御誕生之後、自唐朝被渡絵師、日本救世観音御誕生、可奉移御姿之由、被仰含而渡吾朝、奉拝見太子奉移之、御姿不似常御姿、随機、令現給之間、異様御影云々、一本止置此日本、彼正本唐紙也、奉納于御舎利殿畢、吾朝絵師又絹図奉移之、安置于金堂畢、

図3　幽竹法眼筆の模写
（法隆寺蔵　『聖徳太子展』同前より）

H　元禄七年（一六九四）「元禄七年江戸開帳目録」

……

一　唐形御影

……

江戸での出開帳、この時に出品された宝物の中に「唐本御影」が含まれているのである。

I　宝暦一三年（一七六三）　幽竹法眼筆の模写図（法隆寺蔵）（図3）

（裏書）

皇太子唐形之御影、先師僧正千懐依頼当寺奉納御蔵、阿佐太子之真筆、課幽竹法眼奉令写了、今節荷令修覆法沢、律師招請令開眼了、永以可奉仕供養者也

宝暦十三年癸未歳二月　千範僧都

（別筆）

該真像者、献于天朝因而斯模写之尊像、蔵之于宝庫以為寺鎮焉

明治十一年八月　法隆寺主千早定朝

作者の幽竹については残念ながら他に分かるところはない[1]。

J　寛政四年（一七九二）『寺社宝物展閲目録』

法隆寺

一　百済阿佐太子筆太子画像

画法も古拙に而、鴨毛屏風と筆法も相似、幷衣冠之躰も、其時代者、箇様にも可有哉と存候、世上に有之候烏沙帽帯剣之座像よりは、此図之方、当時之実録歟と相見候、

K 寛政四年（一七九二）一一月二一日　屋《や》代《しろ》弘賢《ひろかた》『道の幸』中

空はる、けふは綱封蔵といへる叉庫にて宝物拝見。…（中略）…百済の阿佐太子筆、上宮太子の肖像あり。是ぞ此庫中第一の物とみえたり。阿佐は平氏の太子伝に見えし人なり。

「宝物拝見」とあることから、屋代は「唐本御影」を直接見ていることが分かる。

L 寛政六年（一七九四）『好古小録』

〔二十六〕上宮太子画像、

法隆寺所伝也。国朝古画の存する者、此に過たる有べからず。衣服の制も聊考ふべし。

M 寛政七年（一七九五）『古画類聚』（図4）

古画目録稿

……

聖徳太子像　同（大和国）　法隆寺蔵

百済阿佐太子筆

N 寛政八年（一七九六）『文晁過眼録』

法隆寺

……

百済阿佐太子筆太子画

図4　『古画類聚』（『古画類聚　図版篇』毎日新聞社1990より）

図5　『集古十種』（以下図8まで大阪府立中之島図書館蔵）

O　寛政一二年（一八〇〇）『集古十種』（図5）

大和国法隆寺蔵　百済阿佐太子所画

Jの『寺社宝物展閲目録』から**O**の『集古十種』までは、寛政年間に行われた一連の「文化財調査」に関連するものである。『古画類聚』や『集古十種』という当代一流の集成図に掲載・紹介されたことによって、さらに「唐本御影」は超一流の絵画、宝物となっていったのであろう。

P　文化三年（一八〇六）伴資芳《ばんすけよし》『閑田次《かんでんじ》筆《ひつ》』（図6）

聖徳太子の古画といふもの、法隆寺の宝物にて、写しは所々にあり。御冠は巾と見えて透額《すきひたい》なり。いづこの御像も此透額を書もらせり。眼目を忘たりといふべし。故、今ここに写せり。また、此御衣も袖甚だ狭く、凡胡服に法弗たり。

ここにみえる「写しは所々にあり」とある記述は重要である。宝暦一三年（一七六三）の幽竹の模写図の他にも、別の模写が各所に存在していたことが分かる。「今ここに写せり」とあり、この時にさらに新たな写しが作られていることも分かる。

Q　文化九年（一八一二）　長野美波留『県居雑録《あがたいざつろく》 補抄』（図7）

大和国法隆寺蔵聖徳太子像〔割註〕称唐本御影」右に所写の植栗王像、これいにしへのあけまきなるへし、此像は百済国王使阿佐午拝太子、所写像也〔割注〕一本は日本に留一本は本国へ持返て示」、

此像已模刻して家蔵

「此像已模刻して家蔵」とあることから、模写本をもとに木版をつくり、これを用いて印刷された普及版とも言うべき「唐本御影」が存在しているのである。

R　文政二年（一八一九）『皇朝名画拾彙』（続本朝画史）

百済王子阿佐、同書（日本紀）云　推古天皇五年四月、百済王遣王子阿佐朝貢　○阿佐所画聖徳太子像、今猶在南都法隆寺、見其模本、筆法高古、規度宏淵、実為海内之珍、

図6　『閑田次筆』

図7　『県居雑録 補抄』

「見其模本」とあることから、『皇朝名画拾彙』は「唐本御影」の原本ではなく、Ｉの幽竹筆のような精巧な模本を見たのであろう。

Ｓ 文政二年（一八一九）栗原信充《くりはらのぶみつ》『柳庵随筆 初編』（図8）

　画の古きもの、法隆寺に伝はれる。太子真影に過たるはなし。…（中略）…是百済国阿佐太子の筆なりといひ伝たり。よつておもへば、独我国にのみ宝とするにあらず。緝熙睿思の殿にも籠らるることなく、建業奉華にも蔵めしことをきかず。宇宙第一の宝絵といふべくして、会匱百重、緘蔵すべき宝蹟にあらずや。嘗て其影鈔本を購求し得たり。縮写してここに出す。

「嘗て其影鈔本を購求し得たり」という記述は重要である。**Ｐ**『閑田次筆』の言うような、所々にあった写しを見い出し、入手したのか。

Ｔ 文政二年（一八一九）「聖徳太子画像」（図9）

『京都古書籍・古書画資料目録』六号（二〇〇五年六月）に掲載されたもの。文政二年の写しで「文政五年裏書　四天王寺正舎利法印静心院善順識文有」と解説にある。

Ｕ 天保七年（一八三六）『斑鳩古事便覧《いかるがこじびんらん》』

　一太子唐形御影

右推古天皇五年丁巳夏四月一日、百済国威徳王太子阿佐来朝時、皇太子引殿内、其時御対面尊容、阿佐奉写尊容也、因云唐形御影、阿佐筆也、

Ｖ 嘉永三年（一八五〇）朝岡興禎《あさおかおきさだ》『増訂 古画備考』（図10）

百済王子阿佐

図10 『増訂　古画備考』（大阪府立中之島図書館蔵）

図8 『柳庵随筆　初編』

図11 冷泉為恭の模写（逸木盛照『冷泉為恭』中外出版1925より）

図9 聖徳太子画像（『京都古書籍・古書画資料目録　六号』）

○阿佐所画太子聖徳像、今猶在南都法隆寺、見其模本、筆法高古、規度宏淵、実為海内之珍、拾彙 ○阿佐画太子像、画法も古様にて、鴨毛の屛風と、筆法相似、世上にある、烏紗帽帯剣の坐像より、此図の方、当時の実録かと相見候、展観目録 ○国朝古画の存する者、此に過たる有べからず、衣服の制も、聊考ふべし、好古小録

W　嘉永三～安政元年（一八五〇～五四）冷泉為恭《れいぜいためちか》の模写（図11）

大和州法隆学問寺綱封蔵所護上宮法王真影阿佐王奉所名絵也

秘蔵々絵本也　不出戸外

「唐本御影」はA史料に見られるように一二世紀の中頃（平安時代末）にはその存在が法隆寺で確認出来る。Bの顕真（一二三八年）による「再発見」によって、百済の阿佐筆という由来が付加される。一三世紀（鎌倉時代）になると「唐本御影」をもとにした作品（図2）が作られる。また、D史料（一三二五年）からは、庄園をめぐる争いの際に、法隆寺の立場を通すために関東にまで運び出されているのである。「唐本御影」は幕府の判断をも左右させるような大きな宗教的〈力〉を持っていたのである。[2]

江戸時代にはH史料（一六九四年）に見られるように、「唐本御影」は江戸での出開帳にも運ばれ、法隆寺の宗教活動にとって欠くべからざる宝物になっている。「唐本御影」は開帳の目的、すなわち集客（＝集金）のための、法隆寺を語る有力な宝物の一つとなっているのである。

元禄七年（一六九四）の江戸出開帳を経て、法隆寺＝「唐本御影」の評判がさらに高まり、拝観の願いが多くなったことは想像に難くない。このような状況が、多くの拝観願いに対応するため、原本と瓜二つの模作（図3）を作らせることになったのだろう。

江戸時代も後期になると、P史料（一八〇六年）の言うように「写しは所々にあり」、Q史料（一八一二年）の「模刻」して作られた画像もあったのである。このように、いくつもの写しが作られ、S史料（一八一九年）の言うように市中では「其影鈔本を購求」出来る状態であった。幕末のW史料で冷泉為恭が言うような「秘蔵々絵本也　不出戸外」というような状況では決してないことは明らかである。

三　太子信仰におけるライバル寺の動向と法隆寺

法隆寺・四天王寺・叡福寺は太子信仰における三巨頭と言ってよい。法隆寺では聖徳太子が胎内から持ってきたとされる舎利が信仰を集める具体的な拠り所であった。四天王寺は聖徳太子が建立した最古の寺院であること、叡福寺は太子の墓所につくられた寺院であることが信仰を集める拠り所であった。

このように三寺院とも聖徳太子との直接的な関係を語りながら信仰を集めていた。平安時代以降、高揚していく太子信仰の中で、それぞれの寺院はさらなる信仰を集めるために創意工夫を行った。

四天王寺では寛弘四年（一〇〇七）八月一日、慈蓮なる僧が金堂内から『御朱印縁起』（四天王寺縁起）を「発見」した。『御朱印縁起』には聖徳太子自身の言葉が記され、太子の手印が捺され、四天王寺が仏教の聖地であることが語られている。この縁起は推古乙卯年（五九五）に聖徳太子が撰し、金堂に納めておいたとある。これが寛弘四年に「発見」されたのである。四天王寺はこの縁起を時の最高権力者藤原道長に報告する。これを機に道長は四天王寺に心を寄せることとなる。『御朱印縁起』の「発見」後、道長を取り込んだことによって、四天王寺は太子信仰の中心的地位を占めていく。

叡福寺では天喜二年（一〇五四）太子墓の近辺から「聖徳太子御記文」が発見された。後に記された『古事談』（一二一二～一五年頃）第五には以下のようにある。天喜二年九月二〇日に石塔を建てるために墓の南西（坤方）を掘ったところ、蓋と身からなる筥石《はこいし》（長一尺五寸・広七寸）が見つかった。開いて見ると「御記文」であった。「御記文」発見の事は四天王寺に伝えられた。その内容は「……吾が入滅以後四百三十余歳に及び、此の記文出現や、その時の国王・大臣、寺塔を発起し、仏法を願求すらくのみ。」とある。発見された「御記文」は四天王寺の別当恒舜を通じて朝廷に報告された。「御記文」の発見によって叡福寺は太子信仰の有力な拠点の一つになっていく。

このように、四天王寺・叡福寺とも、より多くの信仰を集めるために聖徳太子とのつながりをより強化・強調するための方策を編み出していった。四天王寺や叡福寺の信仰を集めるための積極的な取り組みに比べ、法隆寺は遅れをとっていたといえよう。遅れを挽回しようとしたのが一三世紀前半の慶政と顕真の行動である。彼ら二人の事蹟については〔武田佐知子　一九九一・九三〕に詳しいのでそれに譲るが、結論的に言えば、この時期の「唐本御影」の再発見と、新たな由来の付加は、法隆寺が正真正銘の聖徳太子の寺であることを、「唐本御影」を掲げて宣言したことに他ならない。

これ以降、「唐本御影」は法隆寺が真に聖徳太子の法隆寺であることを、目に見ることの出来る形で示す物証となる。D史料の『嘉元記』（一三二五年）の記述は、法隆寺が庄園をめぐる争議で、自らの起源と、立場を押し通すための有力なモノとして「唐本御影」があったことを示している。Fの史料（一四八三年）から、法隆寺には原本とは別の一本の写しがあったことが分かる。江戸時代も中期以降となると、社会の安定とともに、今日言うところの歴史や文化・学問への興味が高まっていく。このような世情に乗じて寺社も信仰を背景とした様々な宗教（集客）活動を行っていく。法隆寺が聖徳太子の法隆寺であることを示すための「唐本御影」は、様々な形の写しが作られ、世間に流布し、法隆寺の宗教活動をささえていくのである。

四　天神画像のあり方

個人に対する信仰として聖徳太子と双璧をなす人物は菅原道真（八四五～九〇三）である。聖徳太子と「唐本御影」との関係は、菅原道真像と天神画像であろう。

・承久元年（一二一九）『北野天神縁起』（根本縁起）

故に本地絵像にかきあらはしまいらせて、結縁の諸人の随喜のこころをもよをさば、一仏浄土の縁として、必天満大自在天神あはれみをたれましまして、二世の大願成就せしめ給へ

これによると、承久元年の時点で、既に天神の本地仏である十一面観音や天神画像が描かれていたことが分かる。

・元仁二年（一二二五）三月四日『明月記』

強盗入蘭林坊、面縛守護男、任意取雑物、…（中略）…幷天神御影裡礼服具悉取之、

宮中の蘭林坊に入った賊が「天神御影」を盗み出しているのである。『北野天神縁起』や『明月記』の記述から、一三世紀の早い時点で天神画像が描かれていたことが分かる。

しかし、実物として現在に伝わる天神画像は、一四、五世紀（南北朝～室町時代）とされる「束帯天

図12　束帯天神像（北野天満宮蔵　『天神さまの美術』2001より）

図13　束帯天神像（旧延暦寺本『天神さまの美術』同前より）

神像」（北野天満宮蔵　図12）であり、一般に「根本御影」と呼ばれているものである。この「根本御影」と同じ図様の「束帯天神像」が延暦寺南谷遺教院に伝来してきた（旧延暦寺本、現北野天満宮蔵図13）。旧延暦寺本は「写し」と呼ばれることもあり、「根本御影」と旧延暦寺本との関係については、原本―「写し」といった直接的な関係なのか、先行する祖本があって、どちらも祖本からの写しなのかは明らかではないらしいが、いずれであっても、大きく言えば、原本と「写し」の関係であることは間違いない。「唐本御影」では数々の模写があることを指摘してきたが、天神画像にあっては、原本と模写の関係が判明するのは知られている範囲ではこの二点のみである。〔松浦清　二〇〇六〕はこの二点と共通する、第三の「根本御影」類品が存在することを報告しており、これを加えたとしても三点のみである。

聖徳太子の「唐本御影」は、これまで見てきたように、中世以降さまざまな場面に登場し、江戸時代には、その写しが多く世に流布してきた。一方、菅原道真の天神画像では、「根本御影」との原本―写しの関係を見出すことができるのが、二ないし三点である。太子信仰と天神信仰、共に個人に源を発する信仰であるが、その姿を描いた画像のあり様の大きな違いは何に拠るものなのか。仏の世界の信仰と、神の世界での信仰のあり方の根本的な違いなのか。信仰を集めるために法隆寺・四天王寺・叡福寺が競っていた中で、法隆寺は拠り所として聖徳太子の「唐本御影」を活用し、このことが多くの「唐本御影」を作らせたのである。天神信仰においては太子信仰にあったようなライバル寺院の競い合いがなく、圧倒的に北野天満宮が優位を占めていたため、天神画像の「根本御影」を拠り所として信仰を広める必要がなかったのか、俄かにその背景を説明することは出来ないが、興味深い問題である。

まとめにかえて

聖徳太子を描いた画像としては最も古い「唐本御影」は、一二世紀前半にはその存在が法隆寺の外部へも知られた存在であったことが大江親通の参拝記録（一一四〇年）によって判明する。

一三世紀になると、「唐本御影」の作者として百済国の阿佐という由来がつくられ（一二三八年）、聖徳太子信仰における法隆寺の地位を引き上げるための重要な宝物となる。また、この頃に「唐本御影」をもとにした画像（図2）がつくられる。

一四世紀には、寺領をめぐる訴訟に際して、幕府を威圧するために関東にまで持ち出されている（一三二五年）。法隆寺の「唐本御影」に対する期待と、「唐本御影」の〈力〉を知ることができる。

江戸時代中期以降になると「唐本御影」は出開帳の目玉の一つとなり、一般民衆の注目するところとなっていく。「唐本御影」に対する評判の大きさが、原本と瓜二つの模写図（図3　一七六三年）を作らせたり、いくつもの写しが作られ、世に流布していく。

このように、最古の聖徳太子の画像である「唐本御影」は、中世以降、法隆寺では信仰を集めるために利用されてきた。冒頭に見たように、「唐本御影」が法隆寺において秘蔵されてきたとする説は、冷泉為恭の模写図（一八五〇〜五四年）に記された「秘蔵々絵本也　不出戸外」が確認できる最初である。近代の「唐本御影」研究の出発点となった〔黒川真頼　一八九五〕や、「唐本御影」を原色版で最初に紹介した〔挿図解説　一九〇二〕でも、法隆寺において「唐本御影」が秘蔵されてきたと読める表現は一切ない。

「唐本御影」は決して法隆寺において秘蔵されてきたものではない。太子信仰をめぐる法隆寺・四天王寺・叡福寺の争いの中で、鎌倉時代以降、法隆寺が信仰の拠り所として「唐本御影」を利用してきたことは見てきたとおりである。特に、江戸時代中期以降においては、様々な形の「唐本御影」の写しが作られ、世間に流布し、聖徳太子の姿は一般民衆にとって身近な存在になっているのである。

今日の「唐本御影」秘蔵説は、明治一一年（一八七八）に法隆寺から皇室へ献上された以降に生まれたのであろう。

さらに言えば、法隆寺からの献納宝物が第二次世界大戦後に国有化された時にも「唐本御影」と「法華義疏」は皇室に留め置かれ、文化財保護法の枠を超越した〈御物〉となった以降に秘蔵説が強まったのかもしれない。明治時代以前には聖徳太子の姿「唐本御影」は人々の目の届くところにあったのである。

註

（1）　菊竹淳一氏が「幽竹法眼は、狩野派の門人で松平加賀守の画師であった池田幽竹のことであろう」

（『法隆寺の世界』大分県立宇佐風土記の丘資料館　一九九一年）と述べていることを知った。

（2）弘安元年（一二七八）定円『法隆寺宝物和歌集』に、

　唐本御影

　唐人の　筆をとどめてうつすての　よかけり我を　めつらかにみよ

とあるのを知った。鎌倉時代における唐本御影の史料に加えることができる。顕真の百済阿佐説（B一二三八年）後も、唐人筆説が根強いことが分かる。

〔参考文献〕

聖徳太子関連

黒川真頼　一八九五年「聖徳太子御像ノ弁」（『国華』七一）

挿図解説　一九〇二年「帝室御物　伝百済国阿佐太子筆　聖徳太子御影」（『国華』一四七）

亀田　孜　一九四八年「御物聖徳太子御影考」（『美術研究』一五一）

飯島　勇　一九五九年「聖徳太子及二王子像」（『ミュージアム』九七）

石田茂作　一九七六年『聖徳太子尊像聚成』講談社

田中一松　一九七七年「聖徳太子画像」（『御物聚成　絵画Ⅰ』朝日新聞社）

林　幹弥　一九八〇年『太子信仰の研究』吉川弘文館

松原智美　一九八八年「御物聖徳太子二童子画像」（『法隆寺美術論争の視点』グラフ社）

東野治之　一九九〇年「『古画類聚』の成立」（調査研究報告東京国立博物館『古画類聚』毎日新聞社）

武田佐知子　一九九一年「中世法隆寺と唐本御影」（『日本史研究』三四七）

武田佐知子　一九九三年『信仰の王権　聖徳太子』中公新書

宮島新一　一九九四年「聖徳太子画像」（『肖像画』吉川弘文館）

阿部泰郎　一九九七年「聖徳太子信仰」（『聖徳太子事典』柏書房）
石川知彦　一九九七年「聖徳太子・二王子像（唐本御影）」（『聖徳太子事典』柏書房）
藤井由紀子　一九九九年『聖徳太子の伝承』吉川弘文館
榊原小葉子　一九九九年「古代中世の対外意識と聖徳太子信仰」（『日本歴史』六一七）
武田佐知子　二〇〇〇年「聖徳太子のかたち」（『東アジアの古代文化』一〇四）
東野治之　二〇〇一年「近代歴史学と作品評価《御物聖徳太子画像》をめぐって」（『美術フォーラム21』四）
武田佐知子　二〇〇三年「聖徳太子のかたち」（和田萃編『史話日本の古代⑤　聖徳太子伝説』作品社）

菅原道真関連

真壁俊信　一九八四年「天神画像の発生」（『天神信仰の基礎的研究』近藤出版社）
松原　茂　一九八七年「天神信仰の流布と天神画像の展開」（『古筆学叢林』一　八木書店）
松浦　清　一九九九年「大阪天満宮の天神画像」（『美術フォーラム21』創刊号）
田沢裕賀　二〇〇一年「描かれた天神さま」（『天神さまの美術』NHK他）
山本英男　二〇〇一年「天神画像」（『北野天満宮神宝展』京都国立博物館）
松浦　清　二〇〇六年「東帯天神像」（『大阪天満宮社報てんまてんじん』四九）

2　聖徳太子墓の新史料

はじめに

大阪府南河内郡太子町にある叡福寺《えいふくじ》、この寺の北側にある叡福寺北古墳は南に開口する横穴式石室をもつ直径約五〇ｍの円墳である。古くから聖徳太子の墓と伝えられてきた。中世以降、四天王寺・法隆寺とともに、聖徳太子墓と叡福寺は、太子信仰の中心地の一つとなった。墓の石室内への出入りも可能だったらしく、江戸時代に描かれた石室内の絵図が知られている。

本節は大阪歴史博物館で二〇〇三年五月から七月に行われた特集展示（摂河泉の寺社境内図と造営資料）で展示された聖徳太子墓に関する絵図を取り上げるものである。この絵図は近年大阪歴史博物館の所蔵となったものであり、博物館の台帳では「河内国上ノ太子磯長山御廟開扉正面絵図・同窟中三廟秘図」という名称となっている（以下「磯長山御廟図《しながさんごびょうず》」と略称）。

まず、新出と思われるこの絵図を見ていきたい。次に、これまでに知られている聖徳太子墓の絵図と、この「磯長山御廟図」とを比較し特徴を見たい。さらに、この絵図が作られた背景と時期についていささかの見通しを述べてみたい。

一　「磯長山御廟図」の内容

「磯長山御廟図」（図1）は、縦二八・二cm、横四〇・五cmの一枚物の刷り物である。右半分には霊屋の正面が描かれている。傍らには、

河内国上太子磯長山御廟開扉正面縮図
外陣奥行　三間余

とある。

霊屋《みたまや》の入り口には現在あるような扉はない。石敷きの通路には形の異なる二対の灯籠が置かれている。笠の特徴などから、手前の一対は石製の灯籠、奥の一対は金属製の灯籠であろう。入り口から奥に粗薦《あらこも》が敷かれている。丁寧に描かれており、数枚を敷き並べているようで、長い一枚の薦を広げているようには描かれていない。奥には案が置かれ、二つの香炉がある。突当りは石積みのようである。中央の大きめの四角は、石室内を見るための覗き孔だろうか。聖徳太子墓の内部が公開されていた時の、周辺のしつらえの状況を知ることができる。「外陣奥行　三間余」とあり、これは手前の入り口から突き当たりの香炉の先の石積みまでの距離を示しているのだろう。

霊屋の左右には二重に巡らされた結界石が描かれる。奥側の列は痛んでいるようで高さがそろっていない。手前の列は高さが揃い、出来たてのような感じがする。

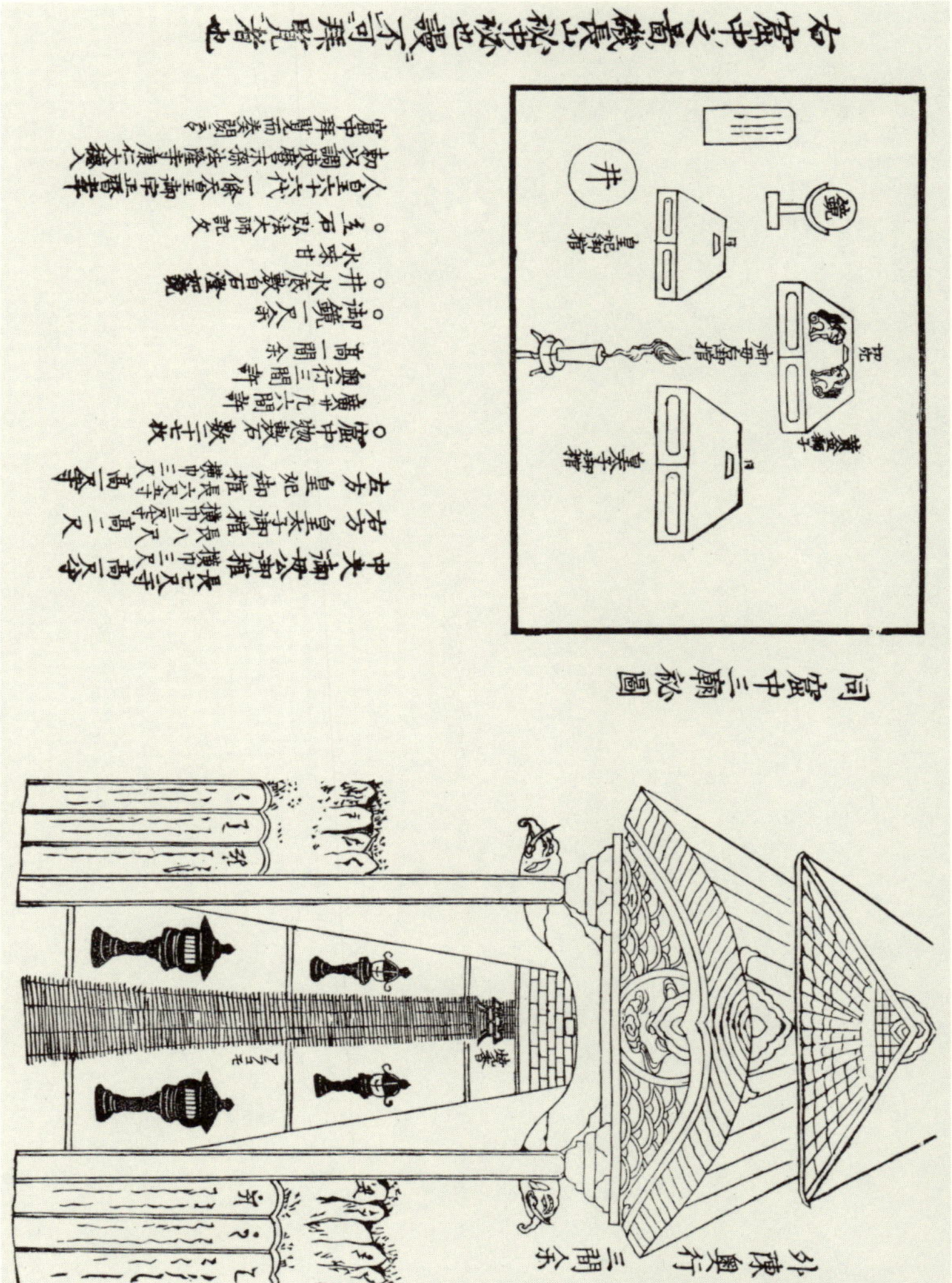

図1　磯長山御廟図（大阪歴史博物館蔵）

二対の灯籠の特徴を描き分けていることや、丁寧な鳶の描き方、結界石の表現など、現地での正確なスケッチをもとに作成されたものと判断できる。

左半分には廟（石室）内の状況が描かれている。傍らに、

同窟中三廟秘図
中央御母公御棺　長七尺二寸　横巾三尺　高一尺八寸
右方　皇太子御棺　長八尺　横巾三尺七寸　高二尺
左方　皇妃御棺　長六尺五寸　横巾三尺　高一尺五寸

とあり、絵図の下には以下のような説明がある。

○窟中惣敷石　数二十七枚
　広サ凡六間許
　奥行三間許
　高一間余
○御鏡一尺余
○井　水底敷白石澄如鏡
　水味甘
○立石　弘法大師記文
人皇六十六代一條天皇御宇正暦五年
勅以調使麿末孫法隆寺康仁大徳入

窟中拝覧而奏聞云々

右窟中之図磯長山秘中秘也　謾不可拝覧者也

中央奥には「御母后御棺」が、右手前には「皇太子御棺」、左手前には「皇妃御棺」、三基の「御棺」が描かれ、規模の数値も記されている。「御棺」の数値は具体的であり、この絵図を作成するにあたって実際に計測したものと思われる。ここで示された数値によると三基の「御棺」の高さは一尺八寸、二尺、一尺五寸である。四五〜六〇㎝の高さなので、棺を乗せる棺台かもしれない。

三基の「御棺」は遠近感をもって描かれている。また、どれも手前の正面は平滑ではなさそうで、隅丸の長方形が彫り出されるか、彫り窪められたような表現である。また、三つとも奥側（北側）に四角い「切穴」がある。このような表現から、「御棺」とはあるが、いずれも棺を表現したものではなく、棺を乗せる棺台と思われる。「切穴」は棺台に施された水抜き穴が表現されているのであろう。中央「御母后御棺」の上には一対の「黄金獅子」が置かれている。

石室内（窟中）の敷石の数や、石室の規模まで記している。広さ「六間許」（約一一m）は石室の東西方向の広さとしては異常なので、おそらく石室の全長を示していると思われる。

左奥に「鏡」、左端（西端）に「立石」、手前（南西隅）には「井戸」が配されている。

説明よると正暦五年（九九四）に法隆寺の僧康仁が石室に入って、観察した情報によってこの絵図を作ったというような内容である。康仁が石室内に入ったということは、暦仁元〜延応元年（一二三八〜一二三九）頃に成立した『聖徳太子伝私記』に対応する記事が見られる。[1]

また、叡福寺に所蔵される『慶長五年旧記』には以下のような記述がある。[2]

・人王六十六代　・懐仁天皇・一條院・正歴五年、依勅以調使丸末孫、御廟窟内被成御尋云々
・法隆寺康仁大徳、入御廟窟、拝見之時　・御母公御棺ニハ有炭灰御骨　・御妃者只有灰無骨化生ノ人故也

この記述は「磯長山御廟図」の、

人皇六十六代一條天皇御宇正暦五年　勅以調使麿末孫法隆寺康仁大徳入窟中拝覧而奏聞云々

と近似した記述である。文章を比較すると「磯長山御廟図」は『慶長五年旧記』をもとにして、これを省略して作られていることが分かる。

絵の精度や、それぞれの棺台の規模が示されていることなどから、「磯長山御廟図」はある時点で実際になされた聖徳太子墓の観察記録であり、『慶長五年旧記』を参考にしつつ作成されたものと判断できる。

二　他の絵図との比較

聖徳太子墓の石室内を描いた絵図はいくつか知られている。

図2に示したのは「正徳六年法隆寺年会目次記」に引かれる「聖徳太子御廟窟絵記文」である(3)。いずれの棺台も格狭間《こうざま》で飾られていることが分かる。中央棺台上には一対の「金獅子」がある。それぞれの棺台上面には「磯長山御廟図」で「切穴」とされた横長の長方形の表現もある。立石（日記石）には「大慈大悲等」と碑文の冒頭を記している。しかし、井戸が「磯長山御廟図」では左手前（南西隅）に

あるが、この絵図では左奥になっていて、決定的に異なっている。

図3に示したのは宝暦五年（一七五五）に叡福寺東福院の僧玄俊が書写した「太子御廟図」である。(4)

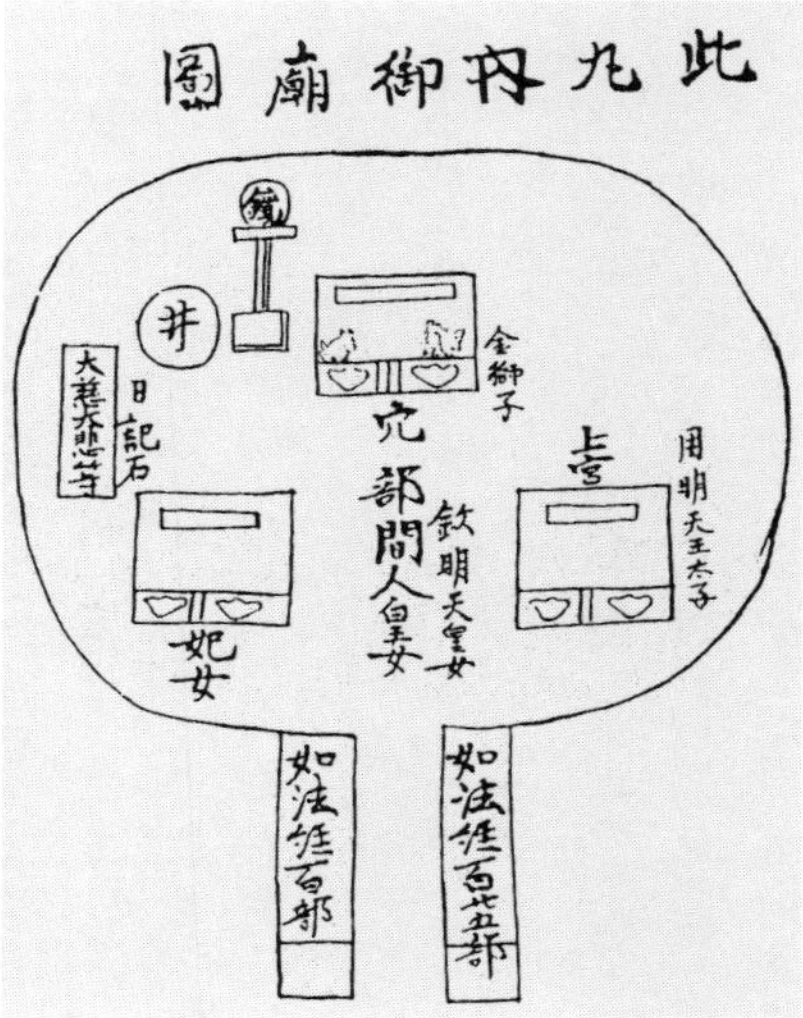

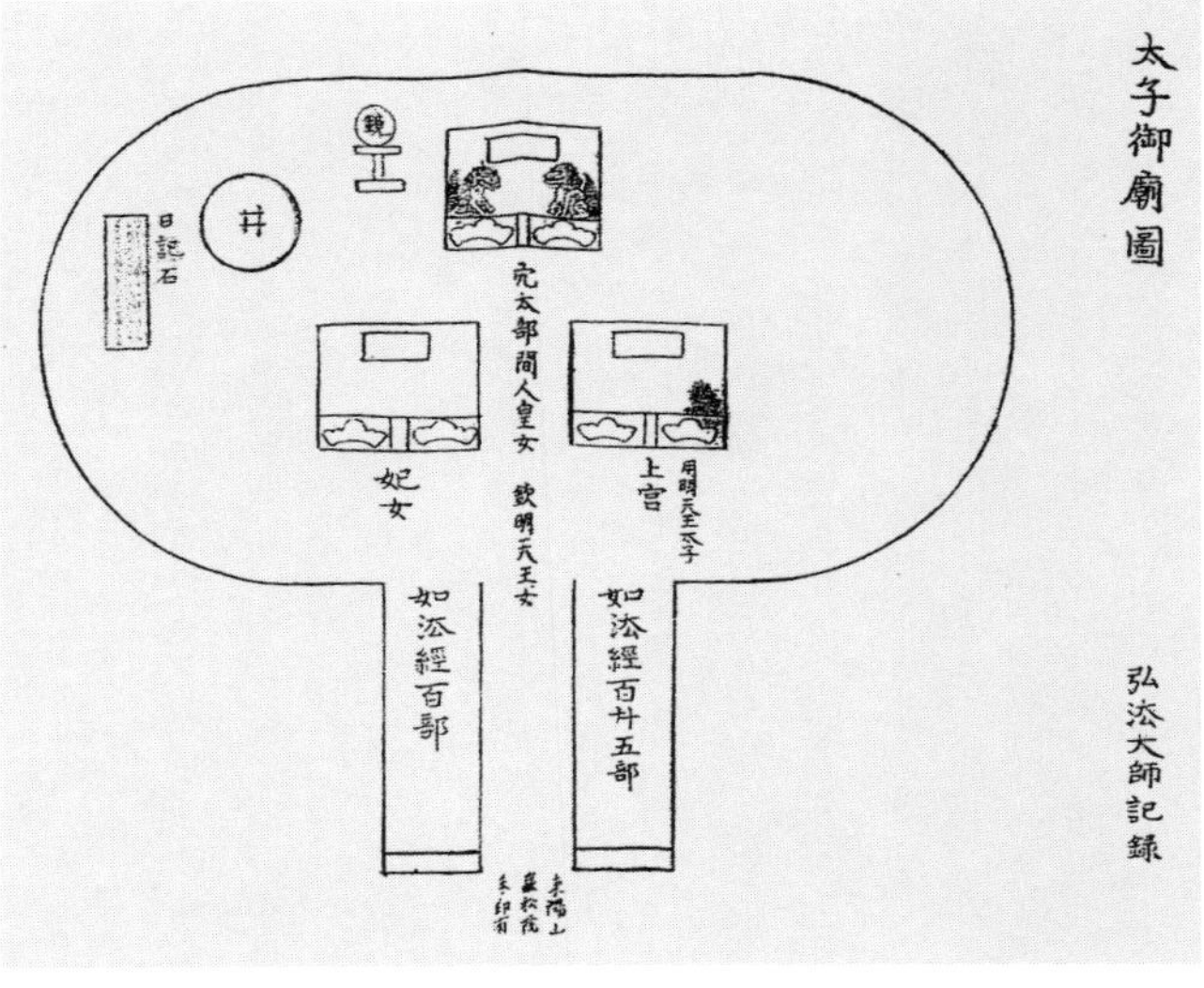

右：図2　**聖徳太子御廟窟絵記文**（『聖徳太子事典』柏書房一九九七より）

下：図3　**太子御廟図**（渡辺家資料『太子町に息づく聖徳太子』太子町立竹内街道歴史資料館二〇〇二より）

中央の一対の獅子、格狭間など「聖徳太子御廟窟絵記文」（図2）とほとんど同じである。『古事類苑』礼式部三十に引かれる「河内国石川郡磯長聖徳太子御廟窟内之面」もある。『古事類苑』は「諸陵周垣成就記　後附」からこの図を引いている。(5)『古事類苑』には次のようにある。

右寛政壬戌秋、吾先法主乗如上人、御廟参之時、使供奉僧楷定坊筆録親見云、自後住了覚〔割註〕楷定坊養嗣」展転而得写之、享和癸亥秋八月、光久寺慶海、

文化二乙丑五月、若州小浜東本願寺派妙玄寺実伝転写、

これによると『古事類苑』に掲載された聖徳太子墓の絵図は、寛政壬戌（壬戌は庚戌の誤りで二年＝一七九〇年か）秋に描かれたものが、(6)享和癸亥（三年＝一八〇三）に写され、さらに文化二乙丑（一八〇五）に転写されたものらしい。図4に示したのは大阪府立中之島図書館石崎文庫に架蔵されている『元禄十一戊寅年諸陵周垣成就記』第二に収められたものである。(7)『古事類苑』で引く「文化二乙丑五月……」以下がなく、再転写される文化二年以前、享和三年段階の書写のものであり、『古事類苑』よりも一段階原本に近いものである。全体の配置は「聖徳太子御廟窟絵記文」（図2）、「太子御廟図」（図3）と同じであるが、三基の棺台にはもはや格狭間の表現はなく、中央の獅子もない。

これら三様の絵図は全体の配置が同じであり、石室手前の「如法経百廿五部」「如法経百部」という表現も全く同じであることから、同じ系統のものと考えられる。鏡の棚の表現や「日記石」の表現など、次々に粗略になっていくことが見て取れるので、図2→図3→図4へと転写されていったのだろう。

江戸時代に石室内に入った人物がいたとしても、時々に出された絵図はオリジナルな観察に基づいた絵図ではなく、それ以前から知られていたものを転写して用いていたことが分かる。

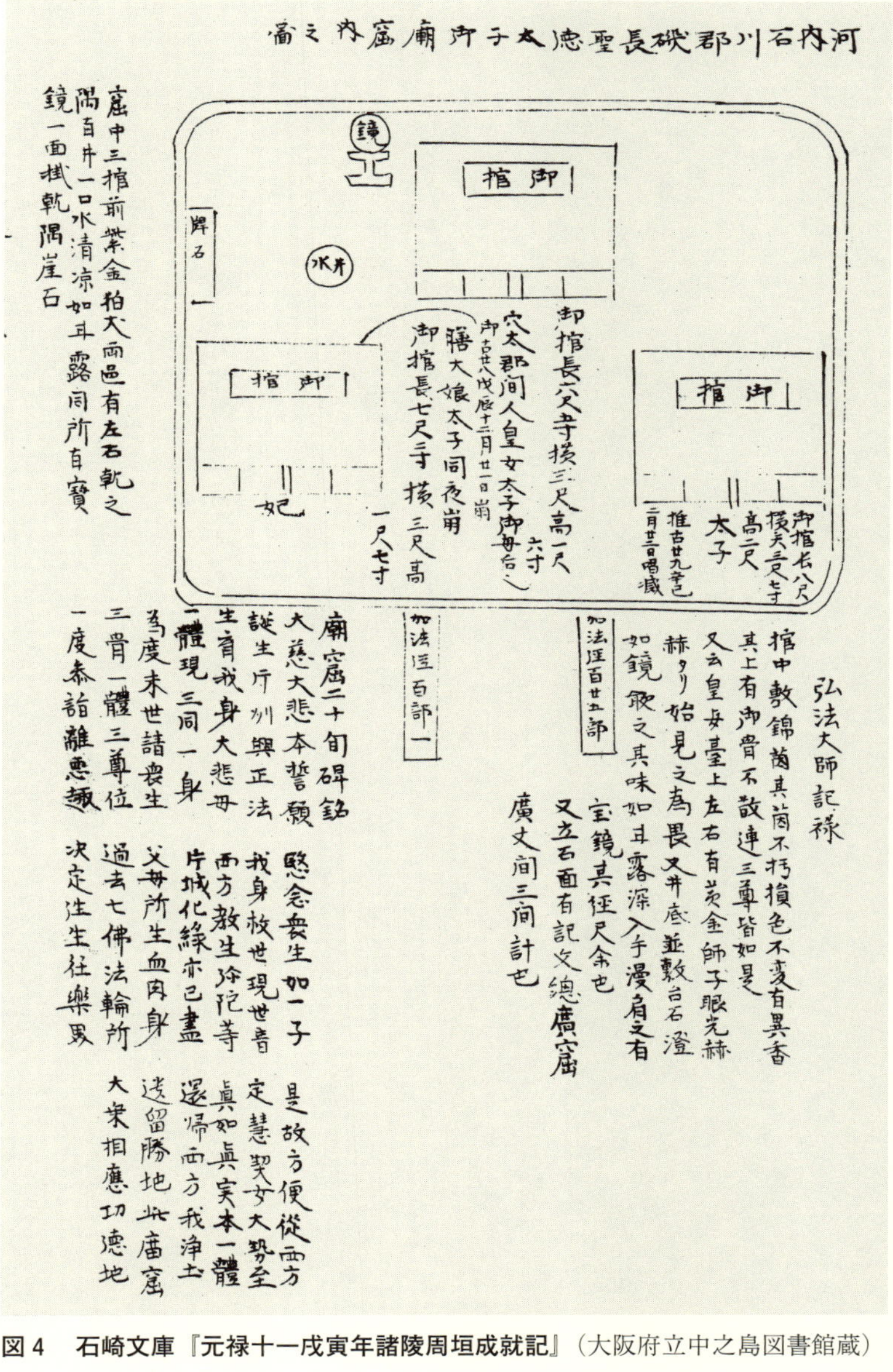

図4　石崎文庫『元禄十一戊寅年諸陵周垣成就記』（大阪府立中之島図書館蔵）

これら一連の絵図と比較すると、「磯長山御廟図」は井戸の位置の違いだけではなく、厚さと遠近感を表現した「御棺」(棺台)、鏡の棚、立石（日記石）の上端の表現などから、全く別の機会に作成された別系統の絵で、オリジナルな絵図と判断できる。

三 「磯長山御廟図」の背景と作成年

「磯長山御廟図」は、これまで知られてきた聖徳太子墓の絵図とは全く違うものであることが判明した。となると問題はこの「磯長山御廟図」がいつどのような契機で作成されたかということである。絵図の中に作成年は記されていない。描かれた内容に作成年を知る手掛かりを見い出さなくてはならない。

右半分の霊屋の正面図には二重に巡る結界石が描かれている。このうち、内側は弘仁二年（八一一）に弘法大師が参籠した際に築かれたものと伝えられており、梵字が彫られている。(8) 外側は享保一九年（一七三四）に樋口正陳が願主となり寄進されたもので、梵字と浄土三部経が刻まれている。(9)「磯長山御廟図」には外側の結界石が描かれているので、享保一九年（一七三四）以降に作成されたことは明らかである。

残念ながら「磯長山御廟図」の作成年を推定する手掛かりはこれのみである。となると、新たな聖徳太子墓の絵図を作成して、叡福寺の存在をアピールすることが必要な時期にこの絵図が作成されたと考えるのが妥当であろう。

江戸時代に叡福寺の整備が最も進むのは享保年間である。「磯長山御廟図」言うところの石室内の「立石」の写し、いわゆる「廟窟偈《びょうくつげ》」が霊屋の東脇に建てられるのが享保一五年（一七三〇）中秋（八月）二五日である。石碑が乗る基壇に、

摂州大坂樋口正陳謹建之　宿坊無量寿院

とある。[10]この石碑を建立したのは大坂の樋口正陳であり、叡福寺の側で係わったのが無量寿院であったことが分かる。

享保一七年（一七三二）には金堂が再建される。そして、享保一九年に墓を巡る外側の結界石が新設される。こうして現在の聖徳太子墓と叡福寺の姿が完成するのである。

先に「磯長山御廟図」の石室内の記述が『慶長五年旧記』と近い関係にあり、『慶長五年旧記』を下敷きにして「磯長山御廟図」の説明書が作られていることを指摘した。叡福寺に伝わる『慶長五年旧記』は、慶長五年（一六〇〇）に叡福寺の僧が記した原本を、享保五年（一七二〇）叡福寺無量寿院の僧が書写したものである。[11]霊屋の脇の「廟窟偈」の建立に係わったのも樋口正陳と無量寿院である。外側の結界石の願主も樋口正陳であった。おそらく、享保年間の一連の事業を主導したのは樋口正陳なる人物の財力であり、これを叡福寺の側で受け入れたのが塔頭《たっちゅう》の無量寿院だったのであろう。

これらのことを考え合わせると、享保年間になされた聖徳太子墓と叡福寺整備・再建といった一連の大事業の一つに「磯長山御廟図」の右半分に描かれたような参拝のための霊屋の整備がなされたのだろう。この時に、改めて石室内に人が入り、中の様子を観察し、作成されたのが「磯長山御廟図」の左半分の絵図であろう。聖徳太子墓の整備が完成するのは、外側に巡る結界石が新設された享保一九年（一

七三四）である。

寺としての中心建物である金堂は既に再建が済み、叡福寺を太子信仰の拠点の一つたらしめている聖徳太子墓の整備も完了した。新たな叡福寺をより多くの人々に広報し、集客を図るために最新の状況と新たな石室内の「調査」を踏まえて作られたのが「磯長山御廟図」であろう。

寺域内の整備に歩調を合わせるように開帳も行われる。整備と居開帳を示すと以下のようになる。(12)

享保一四年（一七二九）二月二〇日、四月一八日開帳
享保一五年（一七三〇）八月廟窟偈
享保一六年（一七三一）三月一日、三月一六日開帳
享保一七年（一七三二）金堂再建
享保一九年（一七三四）外側結界石建立
享保一九年（一七三四）三月二日開帳

参拝の施設と、外側の結界石が整備された聖徳太子墓を紹介する刷り物を作成し、これを最も効果的に活用するとすれば、結界石竣工直後に行われたであろう享保一九年三月二日から行われた開帳が最適である。新装なった叡福寺のお披露目のイベントにあわせて「磯長山御廟図」が作成され配布されたならば、参拝者への手引き書としてだけでなく、持ち帰られた絵図が叡福寺の宣伝紙となり、更なる集客のための広報媒体となったことは間違いない。

おわりに

「磯長山御廟図」を巡って考えてきたことをまとめてみたい。

①「磯長山御廟図」は、これまで知られてきた聖徳太子墓の絵図とは異なる、新しい史料である。

②「磯長山御廟図」は現地での観察に基づくオリジナルな絵図である。

③「磯長山御廟図」は享保年間に行われた聖徳太子墓と叡福寺の整備・復元事業の完成に伴って作成された。

④「磯長山御廟図」が配布されたのは享保一九年（一七三四）に外側の結界石が完成した直後の三月二日から行われた居開帳の時であろう。

聖徳太子墓と叡福寺の整備・復元事業、これを目玉にした開帳（＝集客）のありようを跡づけてくると、今日声高に叫ばれている「集客こそが文化財の最大の活用である」というようなスローガンを聞くにつけ、江戸時代の人々の方が我々よりもはるかにしたたか（＝知恵者）であったことが実感できる。

註

（1）荻野三七彦『聖徳太子伝古今目録抄』（名著出版　一九八〇年再版）の上巻三一頁、下巻六七頁に対応する記事がある。

（2）『叡福寺の縁起・霊宝目録と境内古絵図』一五五頁（太子町立竹内街道歴史資料館　二〇〇二年）。

（3）花谷浩「聖徳太子墓」（『聖徳太子事典』柏書房　一九九七年）。
（4）『太子町に息づく聖徳太子』（太子町立竹内街道歴史資料館　二〇〇二年）。
（5）石田茂輔「諸陵周垣成就記」（『国史大辞典』七巻　吉川弘文館　一九八六年）によれば、『諸陵周垣成就記』は、幕府が元禄一〇年（一六九七）から行った陵墓の探索と、周垣の設置事業を細井知慎が著した報告書である。以下の三様が流布しているようである。
①享保六年（一七二一）に井沢長秀が書写したものの転写本。
②正徳五年（一七一五）に永原氏昌次が知慎の自筆本を書写したものの転写本（「勤王文庫」三所収）。
③伴信友編『諸陵周垣成就記』上巻に収録された文化一〇年（一八一三）に賀茂季鷹所蔵本を書写したものの転写本（「皇陵古図集成」一　所収）。『諸陵周垣成就記』の書誌には詳しくないので『古事類苑』が引くのはどの系統の本なのか分からないが、「勤王文庫」に所収された底本ではない。
（6）乗如（光遍）は、延享元年（一七四四）に生まれ、寛政四年（一七九二）二月二二日に没している（「光遍」の項『国書人名辞典』二巻　岩波書店　一九九五年）。
（7）『元禄十一戊寅年諸陵周垣成就記』の架蔵番号は「石崎／375／2」。
（8）井上正雄『大阪府全志』四巻（一九二二年）。
（9）「聖徳太子墓」（『大阪府の地名』Ⅱ　平凡社　一九八六年）。
（10）前掲註（2）一七頁。
（11）前掲註（2）三四・三五頁。
（12）前掲註（2）五頁の表をもとに作成。

〔参考文献〕

梅原末治　一九二一年「聖徳太子磯長の御廟」(『聖徳太子論纂』平安考古学会、後に『日本考古学論攷』一九四〇年所収)
田中重久　一九四四年「聖徳太子磯長山本陵の古記」(『聖徳太子御聖蹟の研究』全国書房、後に『論集終末期古墳』一九七三年所収)
太子町教育委員会　一九七三年『太子町の古墳』
近藤本昇　一九八三年『聖徳太子と叡福寺』(ぎょうせい)
山本彰　一九九三年「聖徳太子磯長墓考」(『考古学論叢』関西大学)
小野一之　一九九一年「聖徳太子墓の展開と叡福寺の成立」(『日本史研究』三四二号)
小野一之　一九九六年「聖徳太子廟は誰の墓か?」(『歴史読本』通巻六七六号)
上野勝己　一九九七年「聖徳太子墓を巡る動きと三骨一廟の成立」(『太子町立竹内街道歴史資料館館報』三号)

〔付記〕

〔摂河泉の寺社境内図と造営資料〕の担当者、酒井一光氏にはさまざまな配慮をいただいた。記して謝意を表する次第である。

写真２　廟窟偈《びょうくつげ》

写真１　聖徳太子墓霊屋

写真３　二重に廻る結界石

（写真１～３は叡福寺にて筆者撮影）

3　法隆寺開帳に関する新史料

はじめに

大阪府立中之島図書館に「斑鳩《いかるが》ミやげ」と題された書きつけが蔵されている。中西文庫のうちの一史料で、縦二五・五cm、横八七cmの紙に書かれたものである。目録では頓中・中西三叟・含光堂呑海の三名が筆者となっている。明和五年（一七六八）四月に法隆寺の開帳に出向いた際の見聞記録である。

江戸時代、法隆寺では度々開帳が行われたが、開帳の様子や、知り得た情報を見物者側が記した記録を私は知らない。「斑鳩ミやげ」の記述によって、これまで知られなかった法隆寺の一面が明らかになることと思われる。

一　「斑鳩ミやげ」の翻刻

一紙に約七〇行が記される。このうち前段の三行は旅の目的と参加者、法隆寺へのルートが書かれる。

中段には同行の三名の歌二八首が順々に綴られる。後段一一行には法隆寺で見聞したことが記されている。なお、筆者三名は道中で詠った歌を書き留めることが目的であったろうが、開帳とは直接かかわらないので、歌の部分は省略する。

明和五子乃とし、卯月中の四日、法隆寺開帳に詣らんと、三たりの連れさそひて、まつ楽音寺村へ越き候て、十三峠を株分けのぼる。

（中略…歌の部分）

夢殿へまいり又は聖堂と言ふ八角の堂なり。正面おのおの二間半。本尊観世音前立ハ聖観也。本尊観音ハ生き如来と聞なり。むかし持戒乃比丘、目ハ袈裟にて包、本尊をさぐる。観世音御足をあたへ為ふニ、御足あたたかなり。おそれて退ぬとなん。今開帳あるハ前立なり。千百年このかた本尊を拝しもうす人なし。この殿ハ下ふちニして、皇太子大石をくみ阿け、上ニ夢殿を造らせた為ふ。今ニ正月十二日御煤払あり。夜の時方ニふちの水気立あがり、板床ニうつり東西南北のうち、水の流ニより大和路のうち、水をうき方角を知るとなり。これ一乃不思議なるよし。又南の方ニ皇太子の御居間御殿庭ハ唐人のつくれると中宮寺比丘尼衆の物語なり。伝記ニもれたるゆへ、今此に書阿らわす。中宮寺ハ韓乃御所皇太子の御母公乃寺。すなハち今尼宮これなりと云々。

二　中西文庫と中西三叟

「斑鳩ミやげ」が含まれる中西文庫は、一九九三年に中西宗吾氏より大阪府に寄贈された約二六〇〇点の史料群である。これらは中西家に伝わった図書・書簡・短冊・詠草・書画などである。

中西家は江戸時代初期から河内国河内郡喜里川村（現大阪府東大阪市）で代々庄屋を勤めた家で、各代とも書・和歌・俳諧などをたしなんだ文化人であった。(1) 元は秋田姓で、八代茂道の時から中西姓を名乗ったという。中西家の系図を示せば左記のようになる。(2)

秋田姓━□～□━八代茂道（一六八五～一七三〇）の時に中西姓に━九代茂祇（一七一三～四五）━一〇代茂賢（一七三二～一八一五）━一一代美恭（一七四九～一八一二）━一二代茂敬（一七七七～一八二四）━一三代茂保（一八〇九～六四）━一四代重之（一八三八～七八）

「斑鳩ミやげ」の著者の一人、中西三叟の「三叟」は号と思われるので、この系図の中に直接その人物を見出すことはできない。しかし、三叟は明和五年（一七六八）には生存している人物なので、一〇代目の茂賢（一七三二～一八一五）本人か、あるいは茂賢の兄弟と思われる。

三　「斑鳩ミやげ」から分かること

（一）開帳のこと

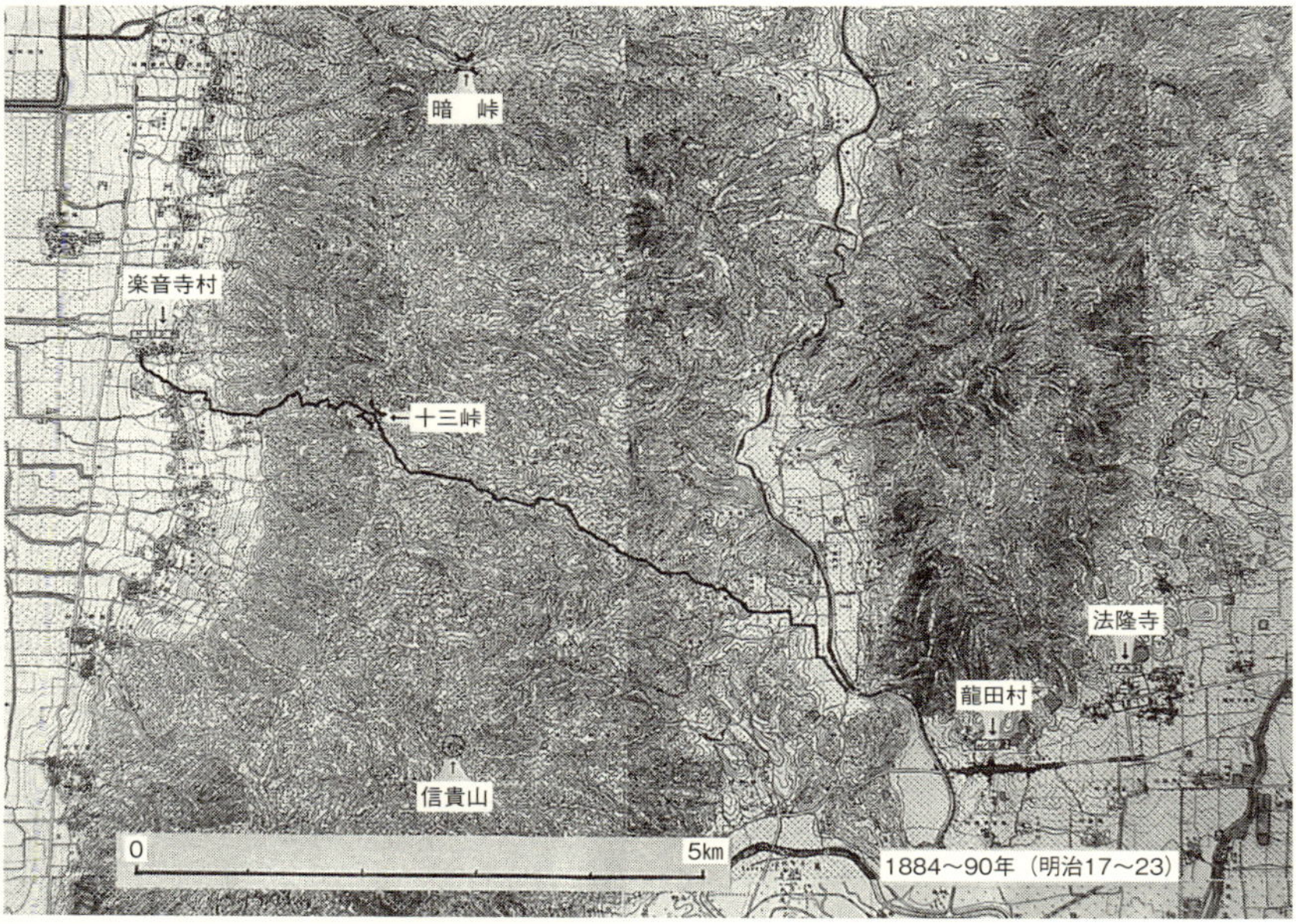

十三峠越えで法隆寺へ至る道筋（筆者作成）

頓中・中西三叟・含光堂吞海の三名が法隆寺の開帳の出向いたのは「明和五子乃とし、卯月中の四日」とある。明和五年卯月四日は、一七六八年四月四日。一七六八年三月三日～五月一三日の間には護摩堂と聖天堂の再建を目的とした開帳が行われている。[3] 法隆寺側の記録と一致し、三人の記述が誤りでないことが裏付けられる。

（二）法隆寺へのルート

「まつ楽音寺村へ越き候て、十三峠を株分けのぼる。」とあり、法隆寺へは生駒山地を十三峠で越えている。江戸時代に大阪方面から奈良に向かうには、暗《くらがり》峠越えが主要なルートであり、最も整備されていたはずではあるが、三人は楽音寺村（現八尾市楽音寺）から十三街道で目指す法隆寺への最短の道を選んでいる。

興味深いのは「十三峠を株分けのぼる。」と、木々につかまりながらよじ登った様子である。『河内名所図会』（一八〇一年）には十三峠について、

この街道、大坂より大和竜田、法隆寺、初瀬等へ越える道すぢなり。泊屋、茶店あり。

とあり、十三峠越えの街道はかなり整備されているような感じではあるが、明和の頃（一七六四〜七二）には、まださほど峠道は整備されておらず、険しかったのであろうか。

(三) 三名の居住地

歌の部分は、法隆寺の開帳情報とは直接関連しないので省略したが、詞書に相当する部分には、頓中は五条村、三叟は切川村、呑海は玉串村の住人であると記される。また、歌をひねりながらの道中だったとみえ、

道草して、やうやう八ツ時、龍田河久といふ宿り。

とあり、龍田村の河久という宿に泊っており、法隆寺の開帳見物の旅が一泊二日だったことが分かる。

(四) 夢殿の別称

「夢殿へまいり又は聖堂と言ふ八角の堂なり。」とあり、夢殿は当時「聖堂」、あるいは法隆寺側の記録から「聖天堂」とも呼ばれていたことが分かる。夢殿の名称は創建直後から用いられていたらしいが、(4)江戸時代のある時期には「聖堂」「聖天堂」の別称があったのである。聖徳太子の「聖」をとって、夢殿を「聖堂」「聖天堂」と呼んだのであろう。

（五）御前立のこと

「本尊観世音前立ハ聖観也」とあり、現在重要文化財に指定されている聖観音菩薩立像である。やや後に「今開帳あるハ前立なり」とあることから、明和五年（一七六八）に開帳されたのは御前立観音であることが分かる。

御前立観音については「前立観音のことは『斑鳩古事便覧』（天保七年＝一八三六）に初めてみえる。」とある。(5) 一方、高田良信氏は「寛政十一年（一七九九）の『諸堂本尊霊宝等割附』に、（上宮王院）南正面　本尊如常　前立正観音　とあり、はじめて前立観音の存在が紹介されている。」と述べる。(6) 中西三叟ら三名は、確実に明和五年（一七六八）の時点で御前立観音を見ているので、「斑鳩ミやげ」は御前立観音の史料上での初出ということになる。

（六）「本尊観世音」のこと

夢殿の本尊、国宝に指定されている観音菩薩立像（救世観音）に対する過去の参拝の様子が記されている。「本尊観音ハ生き如来と聞なり。むかし持戒乃比丘、目ハ袈裟にて包、本尊をさぐる。観世音御足をあたへ為ふニ、御足あたたかなり。おそれて退ぬとなん。今開帳あるハ前立なり。千百年このかた本尊を拝しもうす人なし。」とある。

分かり易く読めば、「本尊は生き仏と言われている。かつて徳の高い尼僧が、袈裟で目隠しをして本尊に触れようとしたところ、仏は自らの足を前に出した。その足に触れてみると生きているように温かかったので、この尼僧は驚いて退いた。今開帳されているのは、本尊ではなく前立観音である。本尊は秘仏であり一一〇〇年の間直接拝した者はいない。」という内容である。この年の一七六八年から一一〇〇年さかのぼって、六六八年以降に秘仏になったと判断するには躊躇するが、観音菩薩立像の造立年代を推古三〇年（六二二）から皇極二年（六四三）の間に推定する見解もあり(7)、明和年間には造立後程なくしてこの像が秘仏となったという伝えがあったのだろう。

（七）夢殿のこと

「この殿ハ下ふちニして、皇太子大石をくみ阿け、上ニ夢殿を造らせた為ふ。」とあり、夢殿の下には淵（井戸カ）があり、淵の上に聖徳太子が大きな石を組み上げてこの上に夢殿を建てたという話である。

さらに「今ニ正月十二日御煤払あり。夜の時方ニふちの水気立あがり、板床ニうつり東西南北のうち、水の流ニより大和路のうち、水をうき方角を知るとなり。」とある。高田良信氏はこれに関連する内容として法隆寺の七不思議に関する記述の中で次のように述べている。「毎年旧暦の一月十二日には、早朝から礼盤を堂外に出して日光に当てると自然に水気を帯びる。水気の多い少ないによって、豊作か凶作かを占ったという。これを『夢殿のお水取り』と呼んでいる。それではなぜ礼盤の裏が水を帯びるのかといった疑問が生じるのも当然であろう。その問に答えて、礼盤の下に井戸があり、礼盤がその湿気を含むためであろうとする伝承がある。」と、法隆寺の伝承を紹介する(8)。夢殿の下層に井戸があるかどうかは現状では不明であるが、夢殿内に立ちあがる湿気によって、何ものかを占う行事が明和年間には行われていたことが確認できる。現在はこの行事を「夢殿のお水取り」と呼んでいるが、明和の頃には「御煤払」と呼んでいたことが分かる。

（八）中宮寺について

「南の方ニ皇太子の御居間御殿庭ハ唐人のつくれると中宮寺比丘尼衆の物語なり。伝記ニもれたるゆへ、今此に書阿らわす。」とある。理解しづらい文章であるが、中宮寺の旧地に関する記述であろうか。当時（現在の地と同じ）の中宮寺の南方に聖徳太子に関連する建物があった（これが中宮寺の前身）という話が中宮寺の尼僧に伝えられている。このことは記録されていないので、書き残しておく。このような内容であろうか。

中宮寺が現在の地に移ったのは慶長五年（一六〇〇）頃とされていている(9)。林宗甫『大和名所記―和州旧跡幽考―』（一六八一年）では中宮寺について、

むかしの跡は法隆寺乃東乃田中に津ゐぢ乃跡のこれり

とある。旧地は法隆寺の東方にあって、僅かに築地の痕跡が残っているだけであり、後の明和年間にはその痕跡も無くなり、中宮寺としても旧地についての正確な情報がなくなってしまっていたのだろう。

おわりに

「斑鳩ミやげ」の記述によっていくつかの新たな事実が判明した。

① 江戸時代の中頃には夢殿は「聖堂」あるいは「聖天堂」とも呼ばれていた。

② これまで、御前立観音の史料上の初出は『諸堂本尊霊宝等割附』（一七九九年）とされていたが、一七六八年の「斑鳩ミやげ」までさかのぼることになる。

③　夢殿本尊は一七六八年からさかのぼること一一〇〇年前から秘仏になっているとの伝承がある。
④　現在伝わっている法隆寺の七不思議のひとつ「夢殿のお水取り」と関連する伝承が明和年間に確認できる。「夢殿のお水取り」は当時「御煤払」と呼ばれていた。

「斑鳩ミやげ」によって、私たちは法隆寺の新たな一面を知ることができた。さらに考えられることは「斑鳩ミやげ」の内容は、中西三叟らが独自に法隆寺で取材したものではないであろう。開帳にあたって法隆寺が配布した、今日的に言うところの説明書、あるいは寺側の説明をもとに記述したに違いない。

「斑鳩ミやげ」の記述によって、法隆寺のいくつか新たな事実を知ることができるのである。

註

（1）大阪府立中之島図書館編『中西文庫目録』一九九四年。
（2）「中西家の各代とその交遊―解説に代えて―」（大阪府立中之島図書館『中西文庫目録（追加）』一九九五年）をもとに加筆作成。
（3）高田良信『法隆寺年表』一三二頁（柳原出版　二〇〇七年）。
（4）『奈良六大寺大観』第五巻「法隆寺五」解説九頁（岩波書店　一九七一年）。
（5）『奈良六大寺大観』第四巻「法隆寺四」解説四一頁（岩波書店　一九七一年）。
（6）高田良信『法隆寺の謎と秘話』一〇一頁（小学館ライブラリー　一九九三年）。
（7）『奈良六大寺大観』第四巻「法隆寺四」解説一一頁。
（8）前掲註（6）六四頁。
（9）毛利久「中宮寺」（『大和の古寺1　中宮寺　法輪寺　法起寺』一五頁　岩波書店　一九八二年）。

Ⅳ　モノをとりまく情報

1　金石文研究史の一齣

はじめに

歴史の勉強を志す後学の者にとって、自らの着想の世界に踏み入れると、すでにそこには先人の足跡がいくつも刻まれているのである。彼らの前に出ていくためには一本の道をひたすら追いかけ、追いつくことが唯一の方法であることを知らされる。

一方、近年においては、さまざまな分野で史（資）料集や索引・辞書類が刊行され、(1)先人との距離を短く感じさせてくれる。大きな苦もなく、一応の研究の到達点を知ることができる。

このような現状をふまえ、本節では、辞書・事典類に簡潔にまとめられた研究成果を利用しながら、通説的・定説的な見解では触れられていないと思われる先人の著作と、この著作に記された内容から新たに判明する事実を紹介してみたい。

一　諸葛琴台と『古碑考』

諸葛琴台《もろくずきんだい》、寛延元年（一七四八）下野那須郡に生まれる。江戸に出て漢学を修め、輪王寺宮の侍読となる。後に、姫路藩に仕え、文化一〇年（一八一三）に没した。現在四八冊の著作が確認されている。四八冊のうち、漢字・漢詩に関するものが半数近くを占めてはいるが、印章・祭祀・易・薬物・度量衡・政治に関する著作もあり幅広い教養人といえよう。金石文についてもこれから紹介する『古碑考《こひこう》』の他に『高尾塚碑記弁正』『那須国造碑考』『日本三碑考』がある。(2)

『古碑考』は『国書総目録』には次のようにある。

古碑考　一冊　(類)金石文　(著)諸葛琴台　(写)静嘉・大阪市大森・日比谷加賀

大阪市立大学附属図書館に森文庫(3)として所蔵されている『古碑考』（写本）には　諸葛琴台の名は出てこない。加賀文庫本には「諸葛蠡輯」とあり、(4)諸葛琴台が著者であることが分る。『国書総目録』に成立年が示されていないように『古碑考』の成立は明確ではない。森文庫本『古碑考』の巻末には、

寛政戊午暮春偖二蜷川君秘蔵写焉

愛久沢直成　印

とある。すなわち、愛久沢直成《あくざわなおしげ》(5)が書写している年、寛政一〇戊午年（一七九八）が下限といえる。

森文庫『古碑考』は一六丁の和綴本で、多賀城碑・元明天皇陵碑・那須国造碑・多胡碑・威奈大村骨

蔵器・武蔵国法源寺古碑・船王後墓誌・伊福吉部徳足比売骨蔵器の八件の金石文が取り上げられている。

以下、いくつかの金石文についての記述をとおして、諸葛琴台の研究姿勢と、『古碑考』の成立時期を考えてみたい。

多賀城碑については、享保元年（一七一六）に成立した『多賀古城壺碑考』(6)を参照しているようである。『多賀古城壺碑考』をそのまま転載しているのではなく、部分的な抄録である。

元明天皇陵碑については、

己丑夏四月貞幹遊乃楽即就碑下観其文字

とあり、明和六年（一七六九）に藤貞幹《とうていかん》(7)がこの碑を実見していることが記されている。しかも、貞幹が未だ銘文の全てにわたって解読し得ていないことも記されていることから、『好古小録』が成立する寛政七年（一七九五）(8)以前の情報をもとにしているものと思われる。

那須国造碑では、延宝六年（一六七八）に成立した『那須記』(9)の一部を引いている。続けて、

右佐佐宗淳訓点文義不可解者加圏若干字

宝暦五年乙亥冬十月日

野州那須郡梅平大金久衛門貞正梓行

とある。『那須記』の読みについて、宝暦五年（一七五五）の大金久衛門貞正の疑問点を併せて掲載している。

多胡碑の記述では、まず『続昆陽漫録《ぞくこんようまんろく》』(10)の抄録から始まり、次に『東紅先生書話《とうこうせんせいしょわ》』(11)の一部を引く。さらに、

伊勢平蔵貞文考ニ曰ク

として『貞文考』なる書物からの引用がなされる。いうまでもなく伊勢平蔵は『貞丈雑記《ていじょうざつき》』を記した伊勢貞丈[12]のことである。貞丈の没後、天保一四年（一八四三）に『貞丈雑記』が刊行されるが[13]、先に述べたように『古碑考』成立の下限は、書写の年から寛政一〇年（一七九八）なので、『貞文考』なる書物は、後の『貞丈雑記』でないことは明らかである。

威奈大村骨蔵器については、銘文に続けて「威奈大村墓誌銅器来由私記」として木村蒹葭堂の書[14]を引いている。文末には、

明和庚寅秋八月　浪華木村恭験書
号蒹葭堂

とある。明和七庚寅年（一七七〇）に記された記録を引いている[15]。

船王後墓誌の記述では、「大和国古市古墳銘」として土肥《どい》経平《つねひら》[16]の読む銘文を引いている。さらに、他書には見えないと思われるこの墓誌の発見年が記されている。

伊福吉部徳足比売骨蔵器では、藤原忠寄[17]の書を引いている。引用されている文章の中に、

天明元年伊勢氏ノ写蓋ノ図

とあり、天明元年（一七八一）に「伊勢氏」の描いた図の情報が盛込まれている。ここに見える「伊勢氏」は多胡碑の記述で登場した『貞文考』の著者、伊勢平蔵（貞丈）を指していることは間違いない。

元明天皇陵碑に関する記述の中で藤貞幹（一七三二〜九七）が実査している情報は、その内容から『好古小録』（一七九五年）が成立する以前のものであることを述べた。元明天皇陵碑の情報を得るため

に諸葛琴台は藤貞幹に直接会っている可能性もある。また、多胡碑では『貞文考』なる書物から、伊勢貞丈との交友が、船王後墓誌では土肥経平との交友も窺える。伊福吉部徳足比売骨蔵器についての記述では、藤原忠寄の書を引いている。このように諸葛琴台は『古碑考』を著すにあたって、先行研究と同時代の資料とを丹念に参照していることが分る。さらに、当時の著名な研究者との密接な交流も窺うことができ、諸葛琴台の研究姿勢の一面を知ることができる。

一方、『古碑考』の成立年についても考えてみたい。伊福吉部徳足比売骨蔵器の記述で引用されている藤原忠寄の書の中に、伊勢貞丈が天明元年（一七八一）に描いた図の情報が含まれているので、この年、天明元年が上限といえよう。先に森文庫本の書写の年から、最大限の下限を寛政一〇年（一七九八）としたが、元明天皇陵碑の記述は、藤貞幹の『好古小録』（一七九五年）が成立する以前の内容であることから、『古碑考』成立の下限は一七九五年になるであろう。したがって、『古碑考』の成立年は一七八一～九五の間である。しかも、一七九一年以降、藤原忠寄の書が成立するまでの時間幅を考え合わせると、『古碑考』は一七九〇年前後に成立したものと思われる。

二　『古碑考』で判明するいくつかの事実

以下、『古碑考』から判明する新事実を指摘する。

多胡碑の記述で引用されている『貞文記』(18)である。『古碑考』の成立年を考慮すると、未だ『貞丈雑記』は成立していないのである。『貞丈雑記』とは別本が他人が閲覧可能な状態で準備されていたのであろう。

威奈大村骨蔵器の記述で引用されている木村蒹葭堂の「威奈大村墓誌銅器来由私記」は、彼の著作の一つである『銅器来由私記』[19]の一部をなすものだろうか。また、明和七年（一七七〇）の時点で蒹葭堂がこの墓誌について記していることから、墓誌は一七七〇年以前に発見されていることは明らかである。[20]

船王後墓誌は現在知られている墓誌のうちで最も古い年紀をもっている。しかし、この墓誌の発見年については、江戸時代の発見ということぐらいで確実な年は分っていない。[21]『古碑考』には次のように記されている。

大和国古市古墳銘

（銘文省略）

字数百六十一

大和国古市古墳銘　　土肥経平考

安永九庚子年迄凡千百四十年

当年春土中ヨリホリ出ス申

このように、安永九年（一七八〇）春に発見されたと明記されている。『古碑考』は一七九〇年頃に成立したと考えられる書物であることから、船王後の墓誌が発見されたと記される一七八〇年とは同時代である。墓誌の発見からかなりの時間が経過してからの記述ではない。一七八〇年春に発見されたとの記述は信憑性が高いと判断できる。[22]また、土肥経平の書「大和国古市古墳銘」は彼の晩年の書と思われるが、経平に関する研究を見ても、この書には言及されておらず、今日には伝わっていない書物かもしれない。

伊福吉部徳足比売骨蔵器の発見年月日についてはいくつかの説があるようだが、(23)『古碑考』によって、安永三年（一七七四）六月二四日に発見されたことが確定できる。

このように、諸葛琴台著『古碑考』の記述によって、いくつかの新事実が判明するのである。

まとめにかえて

『古碑考』の記述をとおして諸葛琴台の研究姿勢の一面に触れてみた。また、『古碑考』の記述から、以下のような五件の新たな事実も判明した。

①『古碑考』は一七九〇年頃に成立した。

②『貞丈雑記』（一八四三年）とは別本『貞文記』なる書物が存在した。

③威奈大村骨蔵器が発見されたのは一七七〇年以前である。

④これまで不明であった船王後の墓誌の発見年は、一七八〇年春である。

⑤伊福吉部徳足比売骨蔵器は、一七七四年六月二四日に発見された。これは『古京遺文』が記す発見年月日である。

いろいろ便利な本が刊行され、史（資）料の平等化、共有化が進んでいる中で、学史・研究史に対する取り組みは後れをとっているように思われる。諸葛琴台の『古碑考』をとおして、先行研究に対する姿勢を学ぶことができる。

諸葛琴台が諸氏の記憶に留まり、再び現代に歩み出すことができることを願うものである。

註

（1）近年刊行されたものの一例をあげれば、『国史大辞典』（吉川弘文館　一九七九年から配本）、斉藤忠『古代朝鮮・日本金石文資料集成』（吉川弘文館　一九八三年）、斉藤忠『日本考古学史辞典』（東京堂出版　一九八四年）、『正倉院文書目録』（東京大学出版会　一九八七年から配本）、『正倉院古文書影印集成』（八木書店　一九八八年から配本）、大塚初重・小林三郎・熊野正也『古墳大辞典』（東京堂出版　一九八九年）などがある。

（2）『国書人名辞典』四巻（岩波書店　一九九八年）。

（3）谷山茂「森文庫解題」（『大阪市立大学附属図書館所蔵森文庫目録』上巻　一九七九年）には次のようにある。

　本学附属図書館に所蔵する森文庫は、郷土大阪に深いゆかりを持った故森敏夫氏小竹園旧蔵の大部分を購入したものである。同氏は実業家としては、大阪商船を経て摂陽汽船の支配人となり、ついでその専務取締役として活躍した人だが、同時に大阪近辺ではまた屈指の民間蔵書家として聞え、小竹園と号し、自ら文筆にも親しみ、とくに先人の筆蹟や伝記のことに詳しく、『名家筆蹟考』・『浪華歌人列伝』などをはじめ、数点の編著書もある。

（4）東京都立中央図書館蔵。「小泉斐蔵」とある。森文庫本に比べると、原本『古碑考』からの部分的な抜書きに、自身のメモを書きいれたもののように思える。二〇行のタテ罫用紙に書かれていることから、明治以降の書写と思われる。

（5）『国書総目録』によると、愛久沢直成の著作として『彫竜厳秘録《ちょうりゅうげんぴろく》』（江川忠隆と共著）がある。現時点ではこれ以外に調べはつかなかった。

(6)「多賀城碑関係資料」(『多賀城市史』六巻　一九八四年)による。
(7)一七三一～九七年。『国史大辞典』による。
(8)『国史大辞典』による。『好古小録』については『日本随筆大成』第一期二二巻(吉川弘文館　一九七六年)に所収されているものを参照した。
(9)斉藤忠『日本古代遺跡の研究　文献編下』(吉川弘文館　一九七一年)による。
(10)青木昆陽著。明和三年(一七六六)成立。『国書総目録』による。『日本随筆大成』第一期二〇巻(吉川弘文館　一九七六年)に所収されているものを参照した。
(11)沢田東江著。明和三年(一七六六)成立。『国史大辞典』による。『日本書画苑』第一(国書刊行会　一九一四年)に所収されているものを参照した。
(12)一七一七～八四年。『国史大辞典』による。
(13)『国史大辞典』による。
(14)『国史大辞典』による。
(15)『国書総目録』に引く『銅器来由私記』のことであろうか。
(16)一七〇七～八二年。『国史大辞典』による。
(17)藤原忠寄《ふじわらただより》(大久保忠寄)と思われる。
(18)森文庫本『古碑考』では明らかに『貞文考』とあるが、愛久沢直成の書写段階の誤記で『貞文記』の可能性もある。
(19)『国書総目録』でも『近世漢学者著述目録大成』からの引用で、原本・写本等は未確認のようである。
(20)斉藤忠『日本考古学史辞典』では、

　発見の正確な年次は明らかでないが、天明年中(一七八一～八九)とみられる。

とある。奈良国立文化財研究所飛鳥資料館『日本古代の墓誌』(同朋舎　一九七九年)、『特別展　発掘された古代の在銘遺宝』（奈良国立博物館　一九八九年）では、一七七〇年以前の発見とある。

（21）『日本古代の墓誌』では、
　この墓誌は江戸時代に河内国分の松丘山の丘陵のくずれた個所から出土したと伝え、
とある。『特別展　発掘された古代の在銘遺宝』では、
　江戸時代に大阪府柏原市の河内国分の松丘山から出土したと伝えられ、出土状態などは不明
とある。斉藤忠『日本古代遺跡の研究　文献編下』に引く史料にも発見年を伝えるものはない。

（22）蔵知矩「土肥経平に関する報告（上）（下）」（『国語と国文学』一二―三・五　一九三五年）。

（23）斉藤忠『日本考古学史辞典』では、『因幡誌』の一七七四年六月二日説、『因府年表続編』は一七七四年六月一三日説、『古京遺文』では一七七四年六月二四日説を示している。

2 『那須湯津上碑』に見る蒹葭堂の研究姿勢

はじめに

徳島県立図書館に木村蒹葭堂著『那須湯津上碑《なすゆづかみのひ》』が架蔵されている。(1)「威奈大村墓誌銅器来由私記」と合本になっている。二〇〇三年一月に大阪歴史博物館で開催した「木村蒹葭堂」展で展示された。しかし、展示の主目的は合本されている「威奈大村墓誌銅器来由私記」の方だったので、この部分の頁が開かれていた。したがって『那須湯津上碑』が展示・公開されたとは言えない状況であった。(2)『国書総目録』(3)によると『那須湯津上碑』は徳島県立図書館蔵の一本のみで、写本とある。蒹葭堂の研究でも、那須国造碑の研究でも、この『那須湯津上碑』に言及したものを知らない。したがって、翻刻・紹介するだけでもいささか意義があろうと思われる。

一　『那須湯津上碑』の内容

まず、『那須湯津上碑』の全文について紹介する。後述するように、冒頭は那須国造碑の碑文の読みである。これ以降の考証にかかわる部分については、文意をはっきりするため、私に句読点を施した。

那須湯津上碑

永昌四(ママ)年己丑四月飛鳥浄御原大宮那須国造追大壱那須直韋提都(ママ)督被賜歳次庚(ママ)子年正月二壬子日辰節物(ママ)故意斯麻呂等立碑銘徳示(ママ)尓仰惟殞公広氏尊胤国家棟樑一世之中重被弐照一命之期連見再甦砕骨排(ママ)髄豈報前恩是以曽子之家无有嫡(ママ)子仲尼之門无有罵者行孝之子不改其道維蓊(ママ)蕘(ママ)心(ママ)凝神照乾亦兒(ママ)童子意旨(ママ)助坤作徒之夫(ママ)合言兪寄(ママ)故無翼長飛无根更固　○右那須国造碑、在下野那須郡湯津上里。碑云。永昌元年己丑四月、飛鳥浄御原大宮、那須国造、追大壱那須直事提評督、被賜、歳次庚子年正月二壬子日辰節弥故、意斯麻呂等立碑。貞享四年丁卯之秋、奉　君命、至那須、親写碑文。元年上二字不甚分明。乃摸印見之。永昌二字也、然日本無永昌号。飛鳥浄御原天武朝也。天武有朱鳥号。永昌字形稍似朱鳥、想是歳月之久、字体訛欠也。因推為朱鳥。帰後考之。朱鳥元年歳在丙戌。而此曰己丑、則非朱鳥也明矣。今按唐武后永昌元年、歳在己丑。而当持統三年。此時日本年号闕、故仮用異邦年号乎。故二字於不安。疑是物故訛乎。庚子年、文武四年也。蓋国造、天武朝人物而歴持統文武者也。凡上世碑碣、今存千世者、此碑与陸奥壺碑也。壺碑為好事者往々摸写。此碑在荒壙茂草之間、無人識之者。自非我　君矣好古之深。安得伝之世間乎。死者若有知。那須国造所ニ於地下焉。良峯宗淳謹識〔割註〕宗淳姓良峯字子朴、水戸府儒官序官本草露貫珠」

吾邦上古金石遺文、当時存セル者、下野那須国造ノ碑、同国多胡県界碑、陸奥多賀碑〔割註〕則壺碑也」以上三碑ノ中、那須ノ碑最古シ

那須碑　文武帝四年建至明和四年凡千五十九年

多胡碑　和銅四年建至明和四年千四十八年

壺碑　天平宝字六年建至明和四年千二年

寛文五年水藩ノ義公佐々助三郎ヲ遣テ、其地ヲ買シメ、碑亭ヲ建、田地ヲ附シ、水戸領ノ修験者大法院ヲ附テ此碑ヲ守シメ、後世ニ廃棄せサル計ヲナシ玉ヘリ。〔割註〕此説西山遺事ニ出」今其文ヲ読ニ、古拙ニシテ句法字法ノ位置ナク、加之字画欠落シテ考カタキ者多シ。佐々氏ノ跋、伊藤氏ノ考アレドモ、何レモ審ナラス。就中碑文第一行ノ首永昌ノ二字、朱鳥永昌何トモ定カタシ。己丑ノ年　持統帝ノ三年ニシテ、唐ニテ武后ノ永昌元年ニ当レリ。此碑ハ其ヨリ十二年後、庚子ノ年建ツ。則　文武帝ノ四年ナリ。此明年辛丑大宝ノ改元アリ。是マテナラ朱鳥ノ号ヲ用ラレシカ国史ニ徴スルニ審ナラス。按スルニ、吾邦ノ年号国史ニ記セサル者多シ。釈日本記伊予ノ湯ノ註ニ風土記ヲ引テ聖徳太子温泉ノ碑文アリ。其首語維法興六年トアリ。正シク其建碑ノ年ノ年号ナレドモ、史伝ニ録セス。此碑ノ年号タトモ〔ママ〕永昌ノ字ナリドモ、必シモ吾邦武氏ノ正朔ヲ奉ルニアラス。此方ノ年号暗ニ符合センナラン。已ニ此碑ヲ建シ文武ノ四年ハ武后ノ久視元年ナリ。永昌ヨリ久視マテ十二年ノ間、天寿、如意、長寿、延載、天冊、蔓年、万年、通天、神功、聖暦、以上ハ号改元アリ。建碑

ノ年、何ソ此ハ号ヲ採用シテ支干ヲ記セサルヤ。一碑文ノ中前後ノ用例同シカラス。是ヲ以テ考ルニ、永昌モ吾邦年号タルコト明ケシ。凡吾邦千有余年前ノ文辞書法刪潤ナリ。今日ニ観スルハ、唯此碑ノ存スル而已ナリ。恨ラクハ其他僻遠ニ在テ、京畿ヲ隔ルコト千余里。好事ノ君子アリトイヘドモ足跡到リカタシ。故ニ識者少シ。余好古ノ癖アリ。久シク其真跡ヲ見ユコトヲ欲シ、百計千慮シテ漸ク得タリ。速ニ精工ヲ選シ翻刻シテ家ニ蔵ス。希クハ不朽ニ伝ヘテ大方君子ノ観覧ニ供セン。此碑ノ考証已ニ二家ノ説ニ具セリ。聊余蘊ヲ発シテ浅見ヲ述スル耳。

蒹葭堂主人識

二『那須湯津上碑』の構成

冒頭に那須国造碑の銘文を記す。（ママ）で示したように、いくつかの文字が現在共通理解となっている読みとは異なっている。蒹葭堂自身の見識によるものもあろうが、書写段階でのミスと思われる文字もある。

「〇那須国造碑……」以下、「良峯宗淳謹識」までは、「良峯宗淳謹識」と明記されているように、佐々宗淳《さっさむねきよ》の記す『那須国造碑』（寛延三年〈一七五〇〉）を引いている。[4]『那須国造碑』は宗淳の立場からの文章なので、原本では「予奉君命」と記されているところを「奉　君命」と書き換えているところもある。

那須碑　文武帝四年建至明和四年凡千五十九年
多胡碑　和銅四年建至明和四年千四十八年

壺碑　天平宝字六年建至明和四年千二年

以下の部分が蒹葭堂自身の考えを表した文章である。

三　『那須湯津上碑』の成立年

先行書物からの引用ではなく、蒹葭堂自身の文章と判断される部分、那須碑・多胡碑・壺碑の建立年代について、「明和四年」を基準とした記述があるので、明和四年（一七六七）時点の情報で『那須湯津上碑』が記述されていることは明らかである。

このように本書の成立年は明らかにできるが、この本が残念ながら蒹葭堂の自筆本でないことも明白である。碑文の読みの冒頭に「永昌四年」とあるが、佐々宗淳の『那須国造碑』の引用部分では「永昌元年」と記されている。また、蒹葭堂自身の考証の部分において、「己丑ノ年　持統帝ノ三年ニシテ、唐ニテ武后ノ永昌元年ニ当レリ。」と記していることから、冒頭の「永昌四年」は書写の際に生じた誤りであろう。

蒹葭堂の知識ではありえないような誤記が他にもあることから、残念ながら『那須湯津上碑』は蒹葭堂の自筆本ではなく、『国書総目録』の記すとおり写本と判断せざるをえない。

四　蒹葭堂以前の先行研究と『那須湯津上碑』

先述した全体構成で説明したように、およそ後半、那須碑・多胡碑・壺碑以下の記述が蒹葭堂自身の見解を示している部分である。『那須湯津上碑』が成立した明和四年（一七六七）以前に那須国造碑に言及している文献を概観し、蒹葭堂の見解と比較してみたい。

・『輶軒小録《ゆうけんしょうろく》』[5] 伊《い》藤東涯《とうとうがい》（一六七〇～一七三六年）

○那須国造碑之事

今より四五十年も先、上州湯津上村と云ふ所あり。里民地を掘りて一の方石を得たり。写の本紙を見れば、高一尺二三寸に、幅九寸、碑文凡八行也。一行に十九字あり尓召(ママ)元年己丑四月。飛鳥浄御原大宮。那須国造追大壱那須宣事提評督被賜。歳次庚子正月二壬子日辰節弥故意斯麿等立碑云々。凡て文字二百七十二字あり。文辞古拙不分明。ことに最初の二字明ならず。朱鳥とよむ人あり。又は永昌とよむ人もあり。古、那須は一国にして、其司を国造と云ふ。造はみやつことよむ。上世一国の司にて、民神のことを司る。出づること珍し。全文別冊に書き置く、水戸の儒官考あり。扨飛鳥浄見原天皇と申すは、天武帝なり。持統は天武の后なり。相継ぎて此の大宮にいませしに依りて、亦浄見原の大宮と称するなり。然れば、此己丑は持統の朱鳥三年なり。然るに、元年とあり。唐の則天武后の永昌元年に中る。文字は永昌と云ふが、大方近き由云へり。然れども、唐の年号を用ふることいぶかし。殊に元年四月とあれば、唐より日本への通、京より野州までの路次、数千万里をへたらん。にはかに達しがたきなるべし。

『輶軒小録』の成立年は明確ではないが、著者の東涯は元文元年（一七三六）に没しているので、『那須湯津上碑』（一七六七年）以前に成立している書物である。ここで東涯は「永昌」を「尓召」と読み、「最初の二字明ならず。」と述べる。

●『年山紀聞《ねんざんきぶん》』[6]　安藤為章《あんどうためあき》　元禄一五年（一七〇二）

○那須の碑

〔割註〕墓の竪八間、横七間、碑の長四尺三寸、濶壱尺五寸、厚八寸、八行十九字、すべて百五十二字」

永昌元年己丑四月。飛鳥浄御原大宮那須国造追大壱那須宣事提評督被賜。歳次庚子年正月二壬子日辰節弥故意斯麻呂等立碑銘偲云爾。

仰惟殞公広氏尊胤。国家棟梁。一世之中重被弐照。一命之期連見再甦。砕骨視髄。豈報前恩。是以曽子之家無有嬌子。仲尼之門無有罵者。行孝之子不改其語。銘夏堯心澄神照乾六月童子意香助神作徒之大合言喩字。故無翼長飛。無根更固。

右のいしぶみ、荒野の中にむなしく埋もれあるよしを、西山公聞しめして、佐々介三郎宗淳に命じたまひ、石をたゝみ碑亭を立て再興させたまふ。その時宗淳が考に。

（以下、佐々宗淳『那須国造碑』からの引用省略）

●『昆陽漫録《こんようまんろく》』[7]　青木《あおき》昆陽《こんよう》　宝暦一三年（一七六三）序

○年号

下野国那須湯津上村の碑文にてみれば、我国暫く唐の年号を用ひられしにや。其文左の如し。

永昌元年己丑四月。飛鳥浄御原大宮那須国造追大壱那須宣事提評督被賜。歳次庚子年正月二壬子日辰節。弥故意斯麻呂等立碑銘。偲云。爾仰惟殯公広氏尊胤国家棟梁一世之中重被弐照一命之期連見再甦砕骨視髄豈報前。思是以曽子之家。无有嬌子。仲尼之門。无有罵者。行孝之子不改其語。銘夏堯心澄神照乾六月。童子意香助坤作徒之大合言喩寄故无翼長飛無根更国。〔割註〕那須拾遺物語には弥故を殄古と見へたり。」

良峯宗淳が云く、永昌元年は持統天皇の三年に当る。那須拾遺物語に云く、至て堅きみかげ石に、細字に刊り付けたる故、文字砕けてみへず。嬌の字は嫡の様に見へ、香の字は杳の如くみへ、終の行の大の字を、六の字に見たる人もあり。

これらの那須国造碑についての書物を、当然のことながら蒹葭堂は知っていたはずである。しかし、「佐々氏ノ跋、伊藤氏ノ考アレドモ、何レモ審ナラス。」として蒹葭堂があげるのは、自身が引用している佐々宗淳の『那須国造碑』と、東涯の『輶軒小録』のみである。碑文の研究において、『年山紀聞』（一七〇二年）や『昆陽漫録』（一七六三年）を引いていないのは、研究の水準が低く、検討の対象にはならないと判断したからだろう。

いくつかの先行研究と比較して蒹葭堂の見解の中で興味深いのは、永昌年号を考察するにあたって、伊予湯岡碑の「法興」年号に言及していることである。蒹葭堂以前の研究には見られないことであり、彼の知識の深さを知ることが出来よう。また、永昌以降の一二年間の唐の年号についての知識も他者には見られないものである。

さらに注目すべきは碑銘を「翻刻シテ家ニ蔵ス。希《ねがわ》クハ不朽ニ伝ヘテ大方君子ノ観覧ニ供セン。」としていることである。手に入れた那須国造碑に関する情報を私することなく、他の研究者と共有しようとしていることである。蒹葭堂の学問に対する姿勢が表れている。

おわりに

明和四年（一七六七）に成立した蒹葭堂著の『那須湯津上碑』を紹介したが、当時における蒹葭堂の研究水準の検討については不充分である。歩みはじめた金石文研究における蒹葭堂の果たした役割については今後の私自身の課題とせざるを得ない。

本節が蒹葭堂、あるいは那須国造碑の研究の新たな材料になることを願うものである。

註

（1）徳島県立図書館架蔵番号は「W289／キム」。『那須湯津上碑・威奈大村墓誌銅器来由私記』がなぜ徳島県立図書館に蔵されているのかは分からない。阿波国文庫に漏れた柴野栗山（一七三六～一八〇七）か屋代弘賢（一七五八～一八四一）の蔵書であったのだろうか。

（2）「威奈大村墓誌銅器来由私記」については水田紀久「蒹葭堂と釈義端」（『水の中央に在り　木村蒹葭堂研究』岩波書店　二〇〇二年　初出一九八六年）、伊藤純「威奈大村墓誌の発見と蒹葭堂の考証」（大阪歴史博物館編『木村蒹葭堂』思文閣出版　二〇〇三年）で言及している。

（3）『国書総目録』には、

那須湯津上碑　(類)金石文　(著)木村孔恭　(写)徳島（威奈大村真人墓誌と合一冊）とある。

（4）斎藤忠『日本古代遺跡の研究　文献編下』（吉川弘文館　一九七一年）による。

（5）『日本随筆大成』新装版二期二四巻。

（6）『日本随筆大成』新装版二期一六巻。

（7）『日本随筆大成』新装版一期二〇巻。

〔参考文献〕

水田紀久　一九六六年「『金石秀彙』と山川正宣の金石学」（『古筆と短冊』一七）。『近世浪華学芸史談』（中尾松泉堂書店　一九八六年）に所収

飛鳥資料館編　一九七九年『日本古代の墓誌』

斎藤忠・大和久震平　一九八六年『那須国造碑・侍塚の研究』（吉川弘文館）

鈴木晴彦　一九八九年「日本金石学草創記—江戸期の金石研究概観—」（『書道研究』三—四）

上代文献を読む会　一九八九年『古京遺文注釈』（桜楓社）

表　智之　一九九七年「一九世紀における〈歴史〉の発見—屋代弘賢と〈考証家〉たち—」（『待兼山論叢』三一）

国立歴史民俗博物館　一九九七年『古代の碑』

東野治之　二〇〇二年「那須国造碑と律令制—孝子説話の受容に関連して—」『日中律令制の諸相』東方書店

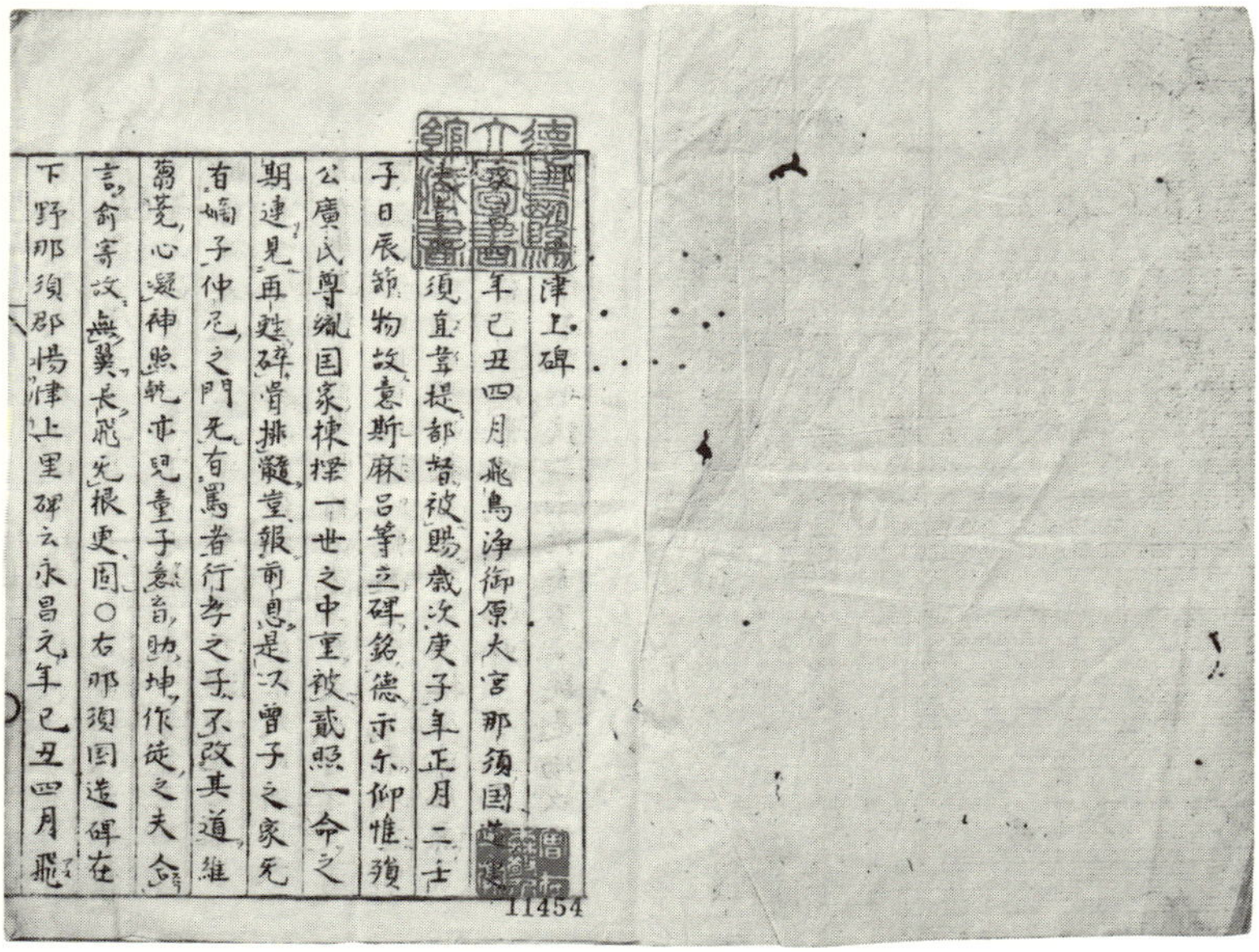

那須湯津上碑
年己丑四月飛鳥浄御原大宮那須国造
須直韋提評督被賜歳次庚子年正月二壬
子日辰節殄故意斯麻呂等立碑銘偲云尓仰惟殞
公廣氏尊胤国家棟梁一世之中重被貳照一命之
期連見再甦砕骨挑髓豈報前恩是以曾子之家无
有嬌子仲尼之門无有罵者行孝之子不改其道維
堯心凝神照乾亦児童子意曽助坤作徒之夫合
言喩寄故無翼長飛无根更固○右那須国造碑在
下野那須郡湯津上里碑云永昌元年己丑四月飛

11454

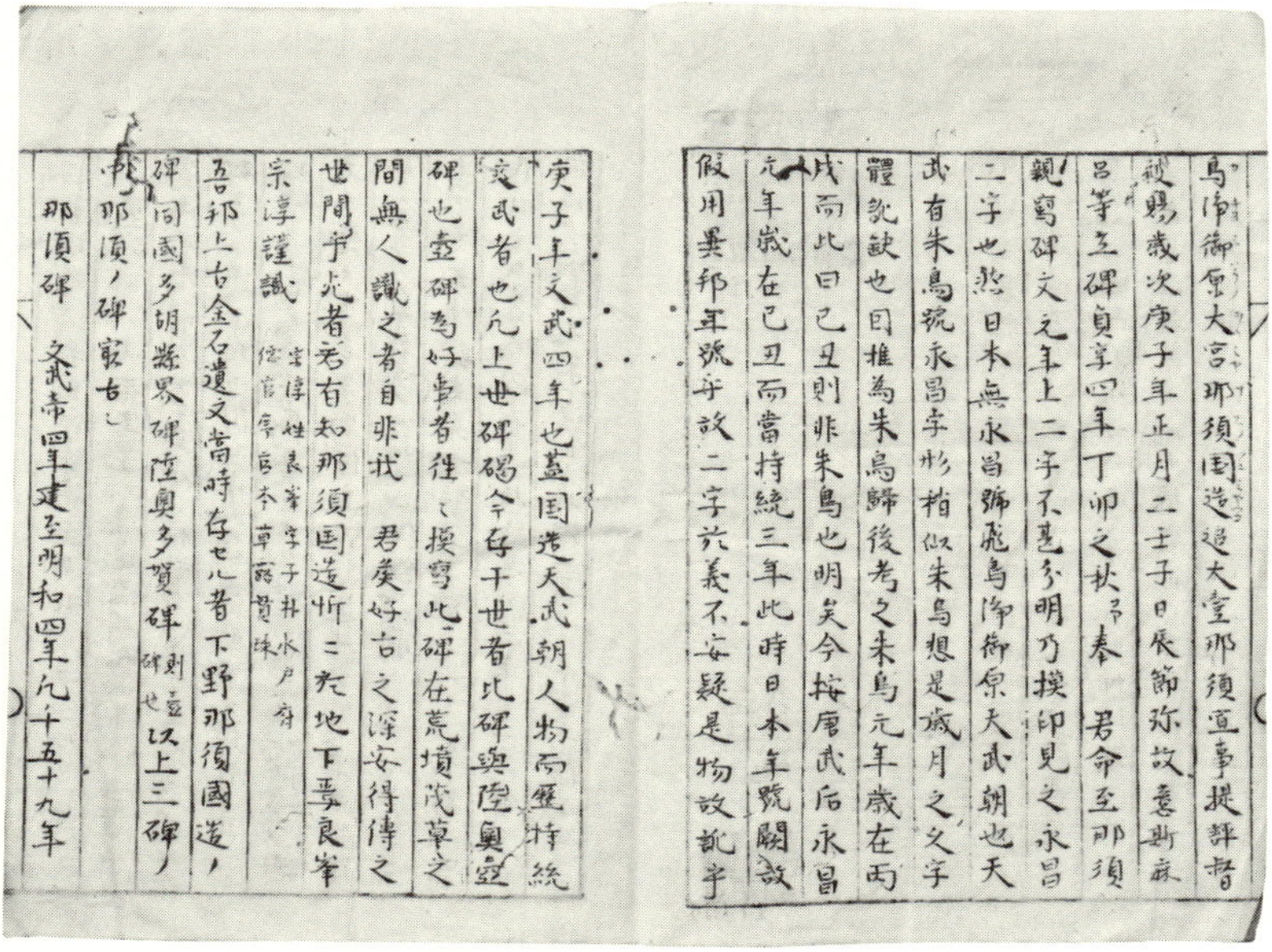

鳥浄御原大宮那須国造追大壹那須直韋提評督
被賜歳次庚子年正月二壬子日辰節殄故意斯麻
呂等立碑貞享四年丁卯之秋予春　君命至那須
親寫碑文元年上二字不甚分明乃摸印見之永昌
二字也然日本無永昌號飛鳥浄御原天武朝也天
武有朱鳥號永昌字形稍似朱鳥想是歳月之久字
體剥缺也因推為朱鳥歸後考之朱鳥元年歳在丙
戌而此曰己丑則非朱鳥也明矣今按唐武后永昌
元年歳在己丑而當持統三年此時日本年號闕故
假用異邦年號乎故二字於義不妥疑是物故訛字

庚子年文武四年也蓋国造天武朝人物而歴持統
文武者也凡上世碑碣今存于世者此碑與陸奥壺
碑也壺碑為好事者往々摸寫此碑在荒墳茂草之
間無人識之者自非我　君美好古之深安得傳之
世間乎此者无有知那須国造所々死地下亭良峯
宗淳謹識　宗淳姓良峯字子井水戸府儒官号定本草蘇貴缺
吾邦上古金石遺文當時存也者下野那須國造ノ
碑同國多胡郡碑陸奥多賀碑 則壺碑也 以上三碑ノ
外那須ノ碑最古ヽ
那須碑　文武帝四年建至明和四年凡千五十九年

木村蒹葭堂著『那須湯津上碑』（徳島県立図書館蔵）

多胡碑　和銅四年建至明和四年千四十八年
壺碑　天平宝字六年建至明和四年千十二年
寛文五年水府ノ義公佐々助三郎ヲ遣テ其地ヲ買シメ
碑亭ヲ建田地ヲ附シ水戸領ノ修験者大法院ヲ附テ
此碑ヲ守シメ後世ニ廃棄セサル計ヲナシ玉ヘリ　此説西山遺事ニ出　今其
文ヲ讀ニ古拙ニシテ句法字法位置ナク加之字画欽落
シテ考カタキ者多シ佐々氏ノ跋伊藤氏ノ考アレ𪜈何レモ
審ナラス就中碑文第一行ノ首永昌ノ二字朱鳥永昌
何レ定カタシ己丑ノ年　持統帝ノ三年ニシテ唐ニハ
武后ノ永昌元年ニ當レリ此碑ハ其ヨリ十二年後庚子ノ
年建ツ則チ文武帝ノ四年ナリ此明年辛丑大寶ノ
改元アリ是ニテナラ朱鳥ノ號ヲ用ヒシカ國史ニ徴スルニ審
ナラス按スルニ吾邦ノ年號國史ニ記セサル者多シ釋日本紀
伊豫ノ湯ノ註ニ風土記ヲ引テ聖徳太子温泉ノ碑文
アリ其首誌維法興六年トアリ正シク其建碑ノ年ノ
年號ナレ𪜈史傳ニ録セス此碑ノ年號タトモ永昌ノ字ナ
リ𪜈必シモ吾邦武氏ノ正朔ヲ奉ルニアラス此方ノ年號暗ニ
符合セシナラン己ニ此碑ヲ建シ文武ノ四年ハ武后ノ久視元
年ナリ永昌ヨリ久視マテ十二年ノ間天壽如意長壽
延載天冊萬年万年通天神功聖曆以上八號改元アリ
建碑ノ年何ソ此八號ヲ採用シテ支干ヲ記セサルヤ一碑文
字中前後ノ用例同シカラス是ヲ以テ考ルニ永昌モ吾邦ノ
年號タルヿ明ケシ凡吾邦千有餘年前ノ文辭書法刪
闕ナク今日ニ觀スルハ唯此碑ノ存スル而已ナリ恨ラクハ其地
僻遠ニ在テ京畿ヲ隔ルヿ十餘里好事ノ君子アリト
イヘ𪜈足跡到リカタシ故ニ識者少シ余好古ノ癖アリ久
シク其真蹟ヲ見ンヿヲ欲シ百計千慮シテ漸ク得タリ速ニ精工ヲ選ニ
翻刻シテ家ニ蔵ス希クハ不朽ニ傳ヘテ大方君子ノ觀覧ニ供セン
此碑ノ考證已ニ二家ノ說ニ具セリ聊餘薀ヲ挨シテ淺見ヲ述
スル耳

薫蕿堂主人識

3　石上神宮鉄盾観察記

はじめに

大和布留に所在する石上神宮《いそのかみじんぐう》には二面の鉄盾が伝来している。神宝となっており、二面とも国の重要文化財に指定されている。現在、一面は石上神宮で保管されているが、別の一面は東京国立博物館に移されており、離れ離れとなっている。

かつて一九八六年一〇月三〇日から一一月四日にかけて、石上神宮の参集殿で行われた特別展〔石上神宮　一九八六〕で一方の盾を見て以来、(1)二面を同時に並べて比較しながら観察することが出来ないものだろうかと望んでいたが、叶わないでいた。

二〇〇四年一月四日から二月八日にかけて奈良国立博物館で開催された特別陳列「七支刀と石上神宮の神宝」〔奈良国立博物館　二〇〇四〕で、この二面の盾が並んで展示された。(2)ガラス越しながらも、明るい光線の下でじっくりと二面の盾を観察することが出来た。展示ケースの中だったので、背面や、場所場所による鉄板の重ね合わせの枚数など細部については観察できなかったが、それでも鉄板の重なりの上下関係や、表面の鋲の様子などを観察することが出来た。これによって、二面の盾の製作手順にはかなりの相違があることが分った。

展覧会の後に、改めてこの鉄盾についての先行研究を調べてみたところ、私の観察とは異なる見解ばかりであった。

本節では、まずこの盾に関する私の観察知見を述べる。次にこの盾に関する先行研究を紹介したい。ここまででモノとしての鉄盾を観察して新たに判明した事実報告としては充分であると承知している。しかし、僅かながらもこの盾に関する文献史料もあるので、いささかの憶説も述べてみたい。なお、二面の盾のうち大きい方（石上神宮保管）をA盾、やや小さい方（東京国立博物館展示）をB盾と仮称して論を進めたい。

一　観察記録―A・B盾の鉄板の重なり合い―

(一) A盾

内区を見ると、整然とした手順で鉄板を重ね合せ、作業を進めていることが分る。外区は内区の上端・下端に横方向の鉄板を置いた後に、これを押えるように左端・右端に縦方向の縁板を重ねている。見た目の鉄板の上下関係が、工程の順序を示すものではないことは明らかではあるが、内区を作った後に、まず上下の端を押さえ、次に左右端を縦方向に押さえて完成させた、という手順を考えるのが妥当である。

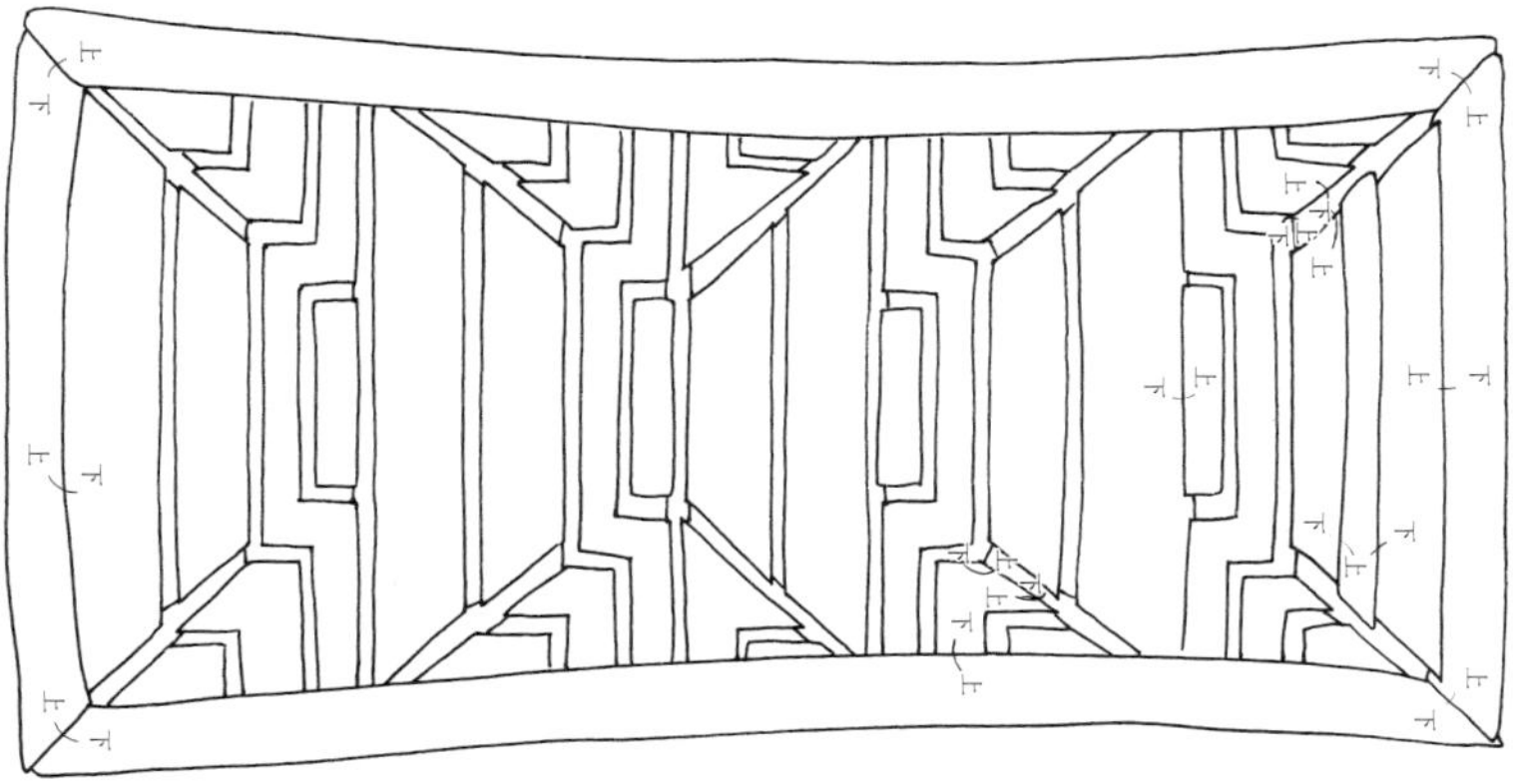

B盾（東京国立博物館保管　筆者トレース）

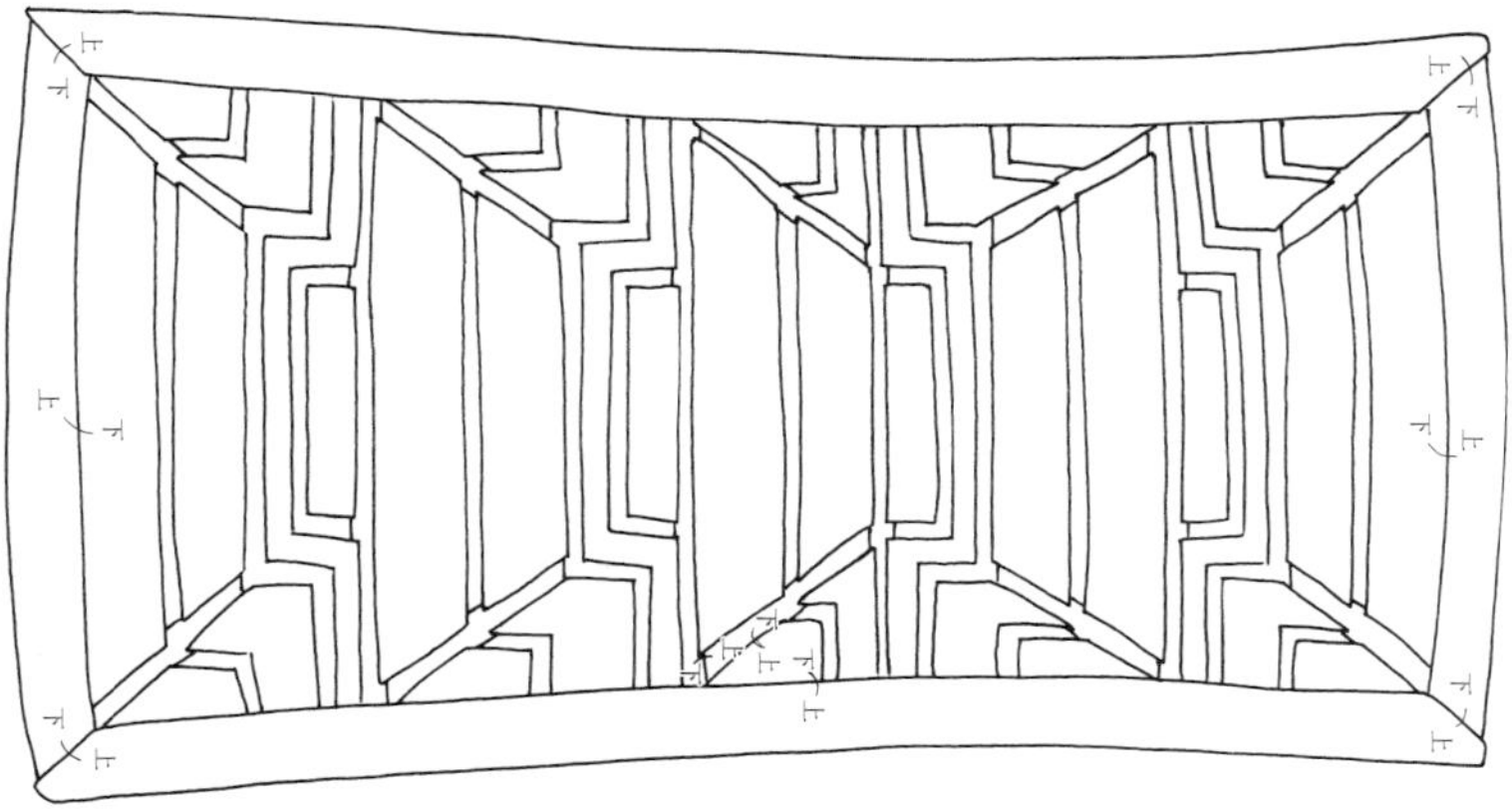

A盾（石上神宮蔵　筆者トレース）

（二）Ｂ盾

Ａ盾の整然とした鉄板の重なり具合と比べると、Ｂ盾の鉄板の上下の関係は大きく異なっている。最初にこれら二面の鉄盾の写真が掲載された段階〔大場磐雄　一九二九〕では、Ｂ盾の上端の左右隅は、はずれていて隙間があいている。現状ではこのような隙間はないので、一九二九年以降になされた修理によって、現在のように上端の横板が左右の縦板の上になるように修理された可能性もあろうから、上端の横板と左右の縦板との重なり合いの状況は検討の対象から外すことにする。これを除いてもＢ盾はＡ盾に比べて外区の鉄板の重なり合いは異常である。Ａ盾では、

左縦板（上）↕（下）上下の横板（下）↕（上）右の縦板

というように整然としている。Ｂ盾の周囲に目を遣ると、

下端左端の縦板（上）↕（下）下端の横板（上）↕（下）右端の縦板

という複雑な重なり合いになっている。

外区の左右角の、横板・縦板の重なり合いは検討から外したところであるが、Ｂ盾の上半部の重なり合いはさらに複雑である。外区上端の横板の上に、内区の最上段の板がのる。さらに、この内区最上段の横板の上に、下方の細い横板がのる。内区と外区との関係、内区の作成と外区とをどのような順序でしたのか、推定することも困難である。

（三）Ａ盾・Ｂ盾の違い

Ａ盾の観察から、内区を作った後に、外側（外区）の上下を押さえ、次に左右を押さえて完成させた

手順が推定できたが、B盾では全く法則性を見出すことができない。

鉄板の上・下の関係を離れ、A盾とB盾、内区のデザインに注目してみたい。後に触れることとなるが、〔小林行雄　一九七六〕が指摘しているように、B盾を現在の天地方向を逆にすると、A盾とB盾は同じになる。上幅と下幅の関係から、広い方を下に、狭い方を上にすると安定する見栄えになるので、B盾の天地が現状のように落ち着いたのだろうか。

ガラス越しの観察だったので、これまで鋲については言及してこなかったが、A盾とB盾、鋲においても違いが確認できる。A盾は鋲の頭の大きさが一定していない。目測だが、直径五㎜程と、これよりも小さい三㎜程のものが混在していることが見てとれる。一方、B盾の鋲の頭はほぼ一定の大きさである。A盾の大きい鋲よりも一回り大きく見える、直径五～六㎜程の一種類に見える鋲が使われている。

このように、A盾・B盾は鉄板の重なり合いと、鋲の形状が異なっていることが判明する。二面の盾は鉄板の重ね合わせの手順の違いだけでなく、使われている鋲においてもA盾とB盾、違いが認められる。二面の盾を同時に比較・検討しながら観察した結果、A盾とB盾は〝似て非なるもの〟であるということが実見しての結論である。

これまで述べてきたように、A盾・B盾、二面の鉄盾は、製作手順を大いに異にしたものであるということを報告することが本節の最大の目的であり、ここで報告を終了させてもよいところではある。しかし、有名な鉄盾でもあるので、これまでの見解と、この鉄盾にかかわる文献史料を紹介し、いささかの臆説を述べることを許されたい。

二　これまでの見解

石上神宮に伝わる二面の鉄盾にかかわるこれまでの見解を見ていきたい。

〔大場磐雄　一九二九〕

多数の鉄板を長方形に矧合せて作った鉄楯の一種で、両者その大いさに若干の相違を有するがその制全く同一である。…（中略）…この鉄楯が古墳発見遺品と程遠くない頃の製作品であるとの推測は頗る可能性に富みその製作年代を原史時代に置く事はほぼ首肯し得られるであらうと思ふ。

〔小林行雄　一九七六〕

他の一枚（ここでのB）は、全長四尺六寸あって、前者（ここでのA）よりやや小さく、内区の第三帯の方向を前者とは上下逆にしていること、鉄板の厚さは一分内外あってやや厚く、付属の金具にも差があり、また裏面に支板を付着していないなどの相違をみるが、鉄盾として両者は同種のものであると称してさしつかえはない。しかもこの鉄盾は、この二枚以外には、他に類例を見ることのできない特殊な遺品であった。

〔千賀久・村上恭通　二〇〇三〕

奈良県石上神宮には二面の鉄製盾が伝来している。その由来は不明ながら製作技法と文様表現から、古墳中期後半の製品と考えることが妥当である。また文様は古墳前期の木盾に系譜をもつ矩形対称文であり、渡来系工人による新技術導入を背景として、伝統的な盾を新たに鉄によって表現し、特殊な祭儀などに用いるために製作されたものと考えられる。
〔奈良国立博物館　二〇〇四〕

神宮には『日の御盾』と称して伝世されてきた鉄盾が二面収蔵されている。ほぼ同形、同規模の鍛鉄製の盾で、…（中略）…この盾の製作上の特徴は、古墳時代の三角板鋲留短甲の製作技法のそれに類似している。そのことから、本品の製作年代も古墳時代中期の五世紀代と考えられる。

この盾を学術的な立場で最初に報告した大場磐雄氏は、直接二面の盾を詳細に観察出来たはずである。その大場氏が「両者その大いさに若干の相違を有するがその制全く同一である。」と述べてしまったことが、その後の研究に影響を与えてしまっているのだろう。〔大場　一九二九〕以降の研究者が、大場の見解を越えることが出来なかったのは、自身で二面の盾を充分に観察する機会がなかったからかもしれない。

どのような経緯があれ、これまでどの見解もA盾・B盾とも同じ特徴をもち、古墳時代のものと判断している。これまで述べてきた私の実見結果とは異なる見解である。

三　鉄盾に関する記録

ここでは、石上神宮の鉄盾について記している文献史料について見ていきたい。

•『勘仲記』弘安五年（一二八二）一二月二一日(3)

先御前仕丁十六人、左方相並、第一二人棒杖、

次布留、鉄楯一板、御神木六本、御弓、矢鉾、神人棒之、
　神主左兵衛尉宗継、東帯歩行、
次勝手神輿、神宝弓矢等神人数輩持之、大鼓鉦鼓笛等神人役之供奉、

これは、興福寺が春日の神木を奉じ、布留（石上神宮）と勝手（吉野勝手神社）を従えての強訴した際の記録である。石上神宮が奉じたものに「鉄楯一板」がある。興福寺の強訴は七〇回に及ぶそうであるが〔永島福太郎　一九六三〕、鉄盾を持ち出した記録はこれのみらしい。七〇回にも及ぶ強訴のうちには記録には残らずとも、神宝である鉄盾が強訴に登場していたことは充分にありうることである。

また、現在も行われている「神剣渡御祭」（現在は「でんでん祭」と通称され六月晦日に行われる）では、明治時代以前には神剣、すなわち七支刀そのものが持ち出され、祭儀において中心的位置を占めていた〔奈良国立博物館　二〇〇四〕。

強訴や祭祀の様子から、石上神宮では、鉄盾・七支刀などの神宝は、神殿の奥で静かに鎮座しているというようなモノではなかったらしい。これらの神宝は、神の力が籠もったモノとして、人前に出され、活用され続けてきたのであろう。

•『石上大明神縁起』坤（元禄一二年＝一六九九）[4]

当社神庫内に方五尺計の韓櫃一合あり。昔より深秘して開く事を不得。其外弓剣多くあり。鎧二領、兜三頭、又楯三枚あり。是を日御楯と申す。並びに一帯の剣あり。各を小狐と云う。今按ずるに、日御楯は所謂神楯か。神武天皇の御時より伝はれる物にや。社家者言云、今本社を去る事一里艮の方に直て山あり。其山谷を日谷と云ふ。其處に八箇の石あり。是を八箇石と云ふ。昔天より日御楯

天降給ふ地也。又草薙剣も此地に天降り賜ひ磐石を突抜て布留河に流れ下り、賤女の浣布に留まり給ひしを神と崇めて其所の森頭に斎ひ奉りしを剣御前と云ふ。按ずるに、日御楯降り給ふと云ふは似たり。……

この縁起は古くから伝わってきた縁起を江戸時代に書写したものではない。奥書には、

元禄十二年大歳己卯十月二日記此縁起畢。

依忌火政富需也。摂州墨江神学生　黄鳥散人愚直堂。

とあり、石上神宮からの依頼によって摂津国の黄鳥散人愚直堂（梅園惟朝）が著した縁起である。したがって、縁起の内容は基本的に元禄時代の情報と考えてよいであろう。

この縁起によって元禄一二年の時点で石上神宮には三面の盾があったことが判明する。その後、いつの頃か一面の盾が失われ、現在の二面になったのだろう。

四　鉄盾をめぐる憶説

A盾とB盾、一見するとほぼ同じ大きさで、デザインも近似していることから、これまでは同じ時代のものと見なされてきた。しかし、実際にこの目で鉄板の重なり具合を見ると、A盾とB盾は全く異なる製作手順であることが判った。A盾は整然とした手順で鉄板を重ねているが、B盾は鉄板の重ね合わせに法則性を見出すことが出来ないのである。鉄板を重ねることに不慣れな人の手によって作られたものではないかと思えてくる。遠目にはA盾・B盾とも似ているので、両者は何らかの関係のもとに成立

したものであろうことは言うまでもない。しかし、製作手順を見る限り、A盾・B盾は同じ工人（集団）が製作したとは思えない。A盾を傍らに置き、見よう見真似で、何とかそれらしい形にまとめたのがB盾ではなかろうか。

中世、石上神宮の鉄盾は強訴の際、度々持ち出されていたことであろう。手荒く扱われたことによって破損し、廃棄されるものもあったのだろう。このような状況の中で、古くから伝わってきたA盾を手本にして、B盾が作られたのではなかろうか。素材の鉄板を作り、これを必要な形に裁断し、重ね合わせながら鋲で留めていくといった技術がもはや不得意となってしまった時代に作られたのがB盾ではなかろうか。

鉄板の厚さは〔大場磐雄　一九二九〕によれば、A盾が約二・四㎜、B盾が約三㎜とある。A盾に比べB盾は二割も厚くなってしまっている。技術の水準は必ずしも時とともに向上するものではない。途絶えてしまう技術、需要の減少によって停滞・低下してしまう技術があることはいうまでもない。A盾については、その整然とした製作手順から、鉄板を用いて武具を作ることを得意とした時代、古墳時代に作られたものと考えてよかろう。B盾は古墳時代のように鉄板を作り、これを切り、鋲で留めるといった技術がもはや下降している時代に作られたものではなかろうか。

A盾を手本にB盾が作られた時代は、強訴の手段として、社殿の外へしばしば鉄盾が持ち出された時期、史料に鉄盾が登場する年（弘安五年〈一二八二〉を含む、いわゆる中世のある時期ではなかろうか。

元禄時代には三面の盾があったことは縁起から明らかであり、石上神宮に常に定まった数の鉄盾があったのではないようである。古くから伝わってきたA盾を手本に、B盾が作られ、強訴などのさまざまな局面で活用され、破損し、廃棄され、あるいは複製が作られ、現在まで伝わったのが二面なのであろう。

おわりに

石上神宮に伝わってきたA盾とB盾、二面の鉄盾について観察し、製作手順が大きく異なったものであることを述べた。これが本節の最大の主張である。

蛇足ながら文献史料を参考にして、二面の製作手順の違いの背景について臆説を述べてみた。A盾（石上神宮保管）は鉄板を作り、裁断し、これを重ね、鋲で留めることを得意とした時代、やはり古墳時代に作られたものと私も考える。B盾（東京国立博物館展示）は、強訴などの際に持ち出され、破損し廃棄された盾を補うために、A盾を手本に中世に模作されたものであろうとするのが私の推定するところである。

現在では別れ別れになってしまっている二面の盾について、ガラス越しながらも、じっくりと観察する機会を私に与えてくれたのは、二〇〇四年に行われた奈良国立博物館での特別陳列での適切な展示、離れ離れになってしまっている二面の盾を、隣り合わせに並べてくれた展示によるものである。

二〇年近く思い続けてきた、石上神宮の鉄盾を二つ並べて見比べてみたいとの願いをかなえて下さった奈良国立博物館に深謝し、本節をとじる。

註

（1）私は一九八六年一一月一日に見学した。
（2）私は二〇〇四年一月一〇日と一月二七日の二回見学した。
（3）『増補史料大成』三四巻による。
（4）国立公文書館内閣文庫本による。公文書館の目録では『大和国布留神社縁起』の名称になっている。

〔参考文献〕

大場磐雄　一九二九年『石上神宮宝物誌』（石上神宮）
八幡一郎　一九三七年「日本の古代楯に関する私見」（『日本史学』八号、『八幡一郎著作集』三巻所収）
後藤守一　一九四二年「上古時代の楯（一）（二）」（『古代文化』一三―四・五）
石上神宮　一九六二年『石上神宮文化財』
永島福太郎　一九六三年『奈良』（吉川弘文館　日本歴史叢書）
小林行雄　一九七六年「鉄盾考」（『古墳文化論考』平凡社　初出は一九六二年）
石上神宮　一九八六年『石上神宮の社宝』
斎藤　忠　一九八八年「鉄盾の伝承と石上神宮の鉄盾」（『古典と考古学』学生社）
千賀久・村上恭通　二〇〇三年『考古資料大観』七巻（小学館）
奈良国立博物館　二〇〇四年『七支刀と石上神宮の神宝』

4　石川年足墓誌の発見と情報の伝播

はじめに

二〇〇六年四月一日から五月一五日まで、大阪歴史博物館に寄託されている国宝「石川年足墓誌《いしかわのとしたり》」が特別公開された。この墓誌は文政三年（一八二〇）に現在の大阪府高槻市真上、田中家の裏山で発見された。今回の公開を機に、墓誌が発見された直後の状況を当時に立ち返って調べてみた。いくつかの同時代の史料があり、墓誌に対する注目の大きさや、識者の間に情報が広まっていく過程について具体的な状況が判明する。石川年足墓誌の発見時の状況を通じて、江戸時代後期の〈文化財〉に対する識者の興味の一端を知ることができる。

一　関係史料

（一）『遊京漫録』（『日本随筆大成』新装版二期七巻）

墓誌発見の状況は、〔藤澤一夫　一九六二〕が「発見された当時の事情については清水浜臣《しみずはまおみ》の『遊京漫録《ゆうきょうまんろく》』に『石川年足朝臣の墓誌』という一節があって、そこに詳細を記している。」と述べている。『遊京漫録』は江戸の人である清水浜臣が、文政三年二月から九月初旬にかけて行った京阪・奈良・伊勢への旅行記録である。ここに必要部分を引く。

石川年足朝臣の墓誌

石川年足朝臣の墓誌の金牌ほり出でしは、三月十五日のことなりけり。おのれ難波に有りしほどなりしに、難波にて、たれしれるものもなかりき。廿七日京にかへりのぼりても、又誰しれるものなかりき。一月を経て、四月廿七日、高雄山にのぼりし日、滝詮がとひ来りしに、おのれあらぬ程なりければ、ふところ紙に、この墓誌の文かきて、文中にうたがはしき事などしるし出でて、おのれが思ふ所もとはまほしき。一日二日のうちに、又もとひ来なましと、いひおきてかへりぬ。さて高雄よりかへりて、先うち見るに、めづらしくおぼえて、明日はとく詮がもとにとひ行きて、其金牌をも見、又つたへのくはしき事をもとひきかんと、あくるをまつに、つとめてより、人々とひ来ていとまなく、日を暮しぬ。廿九日の夕ぐれいとまを得て、詮をとひて、先金牌の事をとふに、詮くはしくかたりきかするやう…（中略）…

（正月三日）いざ行きて見むとて、二人して、松のもとにいたり見るに、まことに、あらたにつちをほりかへして、物をうづめしやうにうるほひうごもりてり。あるじもおどろきて、弟の夢がたりをもかたりて、いかにまれ。掘り見ばやといふいふ、二人してうがつに、四尺ばかり下にいたりいとかたし。つちをかき出だしてみれば、下は炭もてひたうづめにうづめたり。又うがつに、炭ばかり壱尺も掘り出でたらんと思ふ下に、朱にて、一尺一・二寸に、七分ばかりの、かたち角なるもの有り。其かたへを掘りくづしたるに、中に白骨のいと薄らぎたる有りけり。六右衛門も夢がたりをも思ひあはせて、何となく物おそろしくおぼえしかば、もとのままにつくろひうづめぬ。…（中略）…

三月の十日ばかり…（中略）…たふとき人のおくつき所なりしならむ。其ままに打ち捨ておかん事もいかがなり。よくあらため見て、せんかたあるべし。いざ給へ。おのれも行きて見んとて、共に行き見て、かたへよりはじめのやうにほりかへし見るに、こたびは、三尺までほらぬに、墓誌の金牌をとりでたり。…（中略）…其掘りし所をばもとのままにうづめさせて、金牌をば寺にもちかへりぬ。多門院は歌よむ法師とて、西六条の門主につかへまつる滝詮に物まなびければ、すなはち持ち行きて見せけり。詮見ておほきにおどろき、是はいとたふとくめづらしき物なり。門主に見せ奉らんを、しばしあづけよとて、門主にも見せ奉りぬ。…（中略）…墓誌はしばらくがほど、多門院がもとにあづからせおきぬ。かかるほどに、やんごとなき御かたがたよりも、ほの聞き給ひて、いかで一目見ばやとの給ふに、もだしあへぬかたには見せ奉り。又ふるものこのむおのがどちは、多門院にとひ行きても見るほどに、都べにはやうやうかくれなくなりにけり。

これによると、清水浜臣は墓誌発見の情報を、西六条（西本願寺）に仕える滝詮《たきただし》から得る。滝は銘文のメモを示し、疑問点などを清水に問うた。滝によると、墓から墓誌を取り上げたのは文政三年（一八二〇）三月一五日のことで、その後発掘に立ち会った多門院が（京都の）寺へ持ち帰った。この多門院はこの史料の他所で「六右衛門が弟の法師になりて、みやこ東寺の近どなり六孫王をいつき奉る寺のうちに、多門院と云ふに住みてあるが」と記されていることから（地主の田中）六右衛門の弟であることが分かる。墓誌の情報は多門院から師である滝詮に、そして滝詮の仕える西本願寺門主へと伝わった。墓誌は、しばらくの間多門院のもとに保管されていたが「やんごとなき御かたがた」からの実見の依頼があったとある。

墓誌の発見→多門院→滝詮→西本願寺門主→「やんごとなき御かたがた」

といった流れで墓誌の情報が広がっていく。

（二）『石川卿金牌出現之由来』

古代の墓誌を集成・研究した〔飛鳥資料館　一九七七〕では山田以文『石川卿金牌出現之由来』を紹介している。ここでは〔黒川真道　一九〇九〕による活字本から必要部分を引いてみたい。

今正月二日、右倅と百姓一人、両人朝より垢離などして、身を清め、右の処へ行て、滔りし地を掘るに、三尺程の間赤土なり。夫より下は悉く炭を粉にしたる如黒土也。三尺許の間に金牌を鋤のさきに掘あてたり。…（中略）…只々元の如に納るにしくはなしとて、深く慎て他人へは秘せしなり。…（中略）…（三月六日以降のある日）再び金牌を取出し、多門院持帰てよめども、本朝の事には書籍も乏しき由にて、山脇道作（割註）医師なり」方へ借り、北小路大学助之を打、又六条本願寺にて滝弾正と云学者など打し也。以文は北小路打本を持来り、考証を請れし故、直に続紀以下の書にて考証を作て、右多門院へ行て与へしかば、大に悦て、以文にも打本をゆるせり。右の如き高貴の金牌故、容易に人に見せず。又勿論打本を妄りに人にあたへず。志ある人には姓名を録して、之を与ふる故、決して書林などへは見せず、固く麁末にならざるやうに取扱ふなり。以文も此事を戒め申、…（中略）…

一、当五月中、清水浜臣師京滞留之節、於拙宅折節此牌を打候故、一本打本贈り、貴君へも猶亦進上仕度咄し仕候。其節浜臣話に、近来常陸風土記出来候由、尤真物にて、例の後世風土記には無之由、此書に常州真壁郡を白壁郡とある由話也。右本は江戸には写本にてある由話也。就右白髪郷の准例に、常陸風土記段々京都書林等吟味仕候得共、一向無御座、群書類従にも見へ不申候。何卒其御地にて御吟味被下、早々為御写被下候而、為御登被下度、偏奉願上候。何分当地文献不足故、困り入り候。御憐察早々被仰下度、奉願上候。

多門院によって京都に運ばれた墓誌は、山脇道作《やまわきみちなり》宅へ借り出され、識者の間で拓本がとられる。

墓誌発見→多門院→山脇道作宅・北大路大学助手拓
→以文がこの拓本をもとに考証→多門院に報告→以文拓本許される
→西本願寺・滝詮手拓

といった流れが判明する。

一方、銘文の内容から石川年足が「高貴」な人物ゆえ、いたずらに情報が流布することを恐れている様子もうかがえる。さらに「決して書林などへは見せず」とあるのは、単に情報を管理しようとしているのではなく、新発見の情報に対して出版社が儲けを狙って競って飛びつくような当時の商業出版界の状況があったのだろう。

また、在京中の清水浜臣からもたらされた情報に、『常陸国風土記』に関する新出史料がある。古代風土記の写本の一本らしく、『群書類従』所収本とは別系統のもののようで、「石川年足墓誌」の考証に欠くことの出来ない史料らしいが、未だその正確な内容は京都には伝わってはおらず、写しを乞うている様子が分かる。

(三)『紙魚室雑記』(『日本随筆大成』新装版一期二巻)

石川年足の墓誌の研究において、城戸千楯《きどちたて》編『紙魚室雑記《しみむろざつき》』はこれまで言及されてこなかった史料である。「石川年足墓誌並に掘出せし伝」の必要部分を引いてみたい。

〇石川年足墓誌並に掘出せし伝

……当年文政三庚辰正月元日、…(中略)…もろともに行見るに、実も何某がいひし如く、かの荒神松の下、土崩て一寸ばかりくぼみたり。やがて掘て見れば三尺斗下に棺のかたち残れり。方七寸に壱尺五・六寸なり。棺は木なりしと見へて跡なく朽うせたるさまなれど、上にいと黒き墨の如き土厚くおほひたり。炭にてや有けん。其下に棺のかたちの残りて、朱を以て骸骨を納めたり。骨現然とありければ、恐れて又已前のごとくおほひたり。…(中略)…ほどなく三月廿六日、其傍より墓誌を掘出したり。…(中略)…

右銅牌は多門院京へ持登られて、西本願寺家中滝弾正に見せられ、滝氏より此節山田大学の方へ見せに遣しあるよし。昨四月廿九日、京寓清水浜臣主、滝氏へいきて、幸ひ彼の多門院も居あはされ、直に始末を聞かれしよし、今日晦日清水にききたり。即銅牌に彫付たる文字を摺たるを、滝より清水におくられしも見たり。誠に疑もなきものにて、筆跡が羲之ともいふべきばかり見事なるものなり。

さて、此度多門院滝弾正にかたらひて、其墳墓の上に碑を建らるる催し、今最中なり。表に続日本紀に出たる伝を書、裏にこたびあらはれたる由縁を、滝氏などのかかるよしなり。

文政三年辰四月晦日記之　千楯

これによれば、墓誌は多門院によって京都に運ばれた後、西本願寺の滝弾正（詮）のはからいによって山田大学（以文）に、そして四月二九日には滝・多門院同席のもと清水浜臣が実見した。以上の情報を城戸は四月三〇日に清水から聞いた。この日に城戸が見た拓本は、滝から清水に贈られたものである。

二　墓誌情報の伝播

石川年足の墓誌が墓から取り上げられたのが三月二六日。この後、墓誌は地主の田中六右衛門の弟、多門院によって京都に運ばれる。その直後から時の識者が墓誌の周りに集まり、観察し、拓本をとり、考証している様子がうかがえる。

『遊京漫録』によると、清水浜臣が墓誌発見の情報を得たのは四月二七日、滝詮からである。翌二八日に滝のもとへ行き、墓誌を実見する。この場には「人々とひ来ていとまなく」といった状況であった。二九日、時間をとって清水は滝から墓誌発掘の様子を詳しく取材し、この情報をもとに『遊京漫録』に所収された「石川年足朝臣の墓誌」の一節を書く。

『石川卿金牌出現之由来』によると、墓誌は一時山脇道作方へ借り出され、ここに北小路大学助が来て、拓本をとる。山田以文は北小路がとった拓本をもらい受けた。滝詮は墓誌が西本願寺にあった時に拓本をとっていた。

『紙魚室雑記』では、山田以文が墓誌を見ることが出来たのは滝詮の計らいのように読める。四月二九日、京にいた清水浜臣が滝詮のもとへ行き、滝から発掘の様子を聞いた。このようないきさつを、城戸千楯は今日四月三〇日に清水からきき、その日のうちに「石川年足墓誌並に掘出せし伝」を書く。城戸が見た拓本は、滝がとり清水に贈られたものである。

これら『遊京漫録』『石川卿金牌出現之由来』『紙魚室雑記』の記述を総合し、『国書人名辞典』『平安人物志』を参考にしながら墓誌発見後の状況をまとめると以下のようになろう。

・文政三年（一八二〇）

三月二六日

墓誌を墓から取り上げる。

墓誌は地主田中氏の弟、多門院によって京都に運ばれる。

墓誌発見のことは、多門院から師である滝詮（六条堀川住　寛政の頃に西本願寺学監）、そして西本願寺の門主に伝わる。

その後、墓誌は医者山脇道作（一七五七～一八三四）方へ借り出される。その場所が山脇の自宅（東堀川丸太町上ル）なのか、開業していた東堀川中立売なのかは分らない。この場に集まったのは、墓誌を運んできた滝と、滝が呼んだ山田以文（一七六一～一八三五）、北小路大学助（車屋町丸太町南に住む　一七六三～一八四四）など。この場で北小路大学助が墓誌の拓本をとった。北小路がとった拓本は山田に渡る。山田はこの拓本をもとに考証を行う。その内容を山田は多門院に報告したところ大いに悦び、山田も拓本をとることをゆるされる。

四月二七日

清水浜臣は滝詮から墓誌発見の情報を知る。

四月二九日

清水浜臣は滝詮（多門院同席）から墓誌発見の状況を詳しく取材する。

四月三〇日

城戸千楯（錦小路新町東　一七七八～一八四五）が清水から墓誌のことを聞く。この時に城戸が見た拓本は、滝が西本願寺でとったもので、清水に贈られたものである。この日のうちに城戸は「石川年足朝臣の墓誌」を書く。

石川年足の墓誌の情報は、発見後に運ばれた京都の地、現在の中京区一隅に馳せ参じた数名の識者の眼力を経て四方八方に広がっていく。

さらに、『石川卿金牌出現之由来』の中で、新出らしい『常陸国風土記』についての言及や、『紙魚室雑記』での「筆跡が（王《おう》）羲之《ぎし》ともいふべきばかり見事なるものなり。」の記述は当時の歴史考証の水準や文化的知識を知る上で貴重であろう。

まとめにかえて

いくつかの同時代の史料を重ねることによって、文政三年に発見された石川年足墓誌の情報が、急速に広まっていく様子が分った。整理され情報が多数存在している現代の学問世界ならともかく、何ゆえこれほどまでに石川年足墓誌が注目されるところになったのだろうか。

文政三年に至る二〇年間ほどの、寛政年間から文化・文政期にかけての古物や今日的に言うところの考古学的分野の動向を〔斎藤忠　一九九三〕によって概観してみたい。

一七九四年（寛政六）　藤貞幹『好古小録』

一七九六年（寛政八）　藤貞幹『好古日録』・同『集古図』

一八〇〇年（寛政一二）中村直躬《なおみ》『浪速上古図説』・松平定信『集古十集』完成

一八〇一年（享和元）　木《き》内石亭《うちせきてい》『雲根志』・蒲生君平『山稜志』

一八〇四年（文化元）　松平定信『輿《よ》車図《しゃず》考《こう》』

一八一二年（文化九）　青柳種信《あおやぎたねのぶ》『後漢金印略考』

一八一四年（文化一一）白尾国柱《しらおくにはしら》『神代三陵取調書』

一八一八年（文政元）　狩谷《かりや》棭斎《えきさい》『古京遺文』

一八二〇年（文政三）　石川年足墓誌発見

寛政期に行われた古物調査の一部は『集古十集』に結実する。この時の一連の調査にかかわった藤貞幹（一七三二〜九七）や柴野栗山（一七三六〜一八〇七）、屋代弘賢（一七五八〜一八四一）などの活躍が石川年足墓誌の発見に先立ってあったのである。さらに特筆すべきは石川年足墓誌発見の直前、文政元年（一八一八）に狩谷棭斎（一七七五〜一八三五）による『古京遺文』が登場したことである。『古京遺文』は、六〇六年（推古一四）から七八四年（延暦三）までの金石文二七点と、平安時代初期の三点を加え、考証したものである。〔鈴木晴彦　一九八七〕によれば「江戸期における金石研究の集大成であり、この書の出現によって、江戸期に著されたいかなる著述をも凌駕することになった」と評価され、当時にあって画期的な業績であった。当然のことながら、新発見の石川年足墓誌の周辺に集った人々は、『古京遺文』の情報を共有していたはずである。共有する情報にない新たな墓誌が発見されたのだから、識者の間では正確な情報を求めて、あちらこちらで頻繁に、今風に言うところの検討会や情報交換会が行われたのである。その一部が『遊京漫録』や『石川卿金牌出現之由来』『紙魚室雑記』に記述された内容であろう。

その後、石川年足墓誌の情報は、三宅（河本）公輔『石川年足卿銅牌考』（一八二〇年）、滝詮『御史大夫年足卿金牌之記』（一八二〇年）（以上二点は大阪市立大学森文庫『石川年足卿墓誌考證』所収）、毛利《もうり》梅園《ばいえん》『梅園奇賞《ばいえんきしょう》』（一八二八年）、山崎美成『北峰雑襍』で次々と取り上げられるところとなる。

石川年足墓誌発見直後の具体的な様子から、江戸時代後期の学問の一端を知ることができる。

〔参考文献〕

黒川真道　一九〇九年「石川年足卿墓誌集説」（『考古界』五―八）

藤澤一夫　一九六二年『大阪府の文化財』（大阪府教育委員会）
飛鳥資料館　一九七七年『日本古代の墓誌』（奈良国立文化財研究所飛鳥資料館）
鈴木晴彦　一九八七年「『日本金石学』草創期」（『書道研究』一―六）
斎藤　忠　一九九三年『日本考古学史年表』（学生社）

〔参考〕

『大阪府全志』巻之三（一九二二年）

年足神社は北方酒垂山の荒神塚にあり。無格社にして石川年足を祀れり。文政三年正月朔、本地の閥族田中六右衛門、山崩れて土石の室内に墜落すと夢みて、翌朝後山に登りて見しに、塚上陥落せること一尺余なりければ、怪みて之を穿ちしに、二重の古石棺ありて、函中に青鏽の銅牌と古剱とを得たり。函は即ち年足の棺と共に埋蔵せられたるものにして、牌には左の墓誌を刻しありしかば、同年七月十一日領主永井飛騨守の目附役長田権七郎・小倉藤左衛門検分し、銅牌は取上げとなりたりしも、明治三年二月永井家より田中録十郎に下付せられ、録十郎は同年四月笠森神社の祠官中村資成に謀り小祠を建てて、年足の霊を祀りしもの、即ち当社なり。社域は五拾坪、祠は壹間四方の瓦葺にして、前に一碑を置きて、荒神塚の三字を題せり。而して墓誌に白髪郷とあるは、年足の死は、白髪部を真髪部に改めし延暦四年の詔より二十四年前なればなり。牌は明治四十四年四月十七日国宝となる。

（墓誌銘以下略）

5　天平韋が語る新たな歴史像

はじめに

かつて肥後国（熊本県）八代《やつしろ》は、鎧・兜などの武具に用いられた染韋《そめがわ》の産地であった。八代染韋と呼ばれ江戸時代には幕府への献上品であり、全国的にも知られた肥後の名産品だった。武士の世が終わり、近代社会となった明治時代以降には、実質的な武具の製作が消滅し、八代染韋は姿を消す。染韋は武士の装束にとって極めて重要な素材であったが、時代の変化によって生産されなくなり、染韋それ自体について知る人も少なくなっている。

まず、染韋についての基礎的知識を共有するために『国史大辞典』での説明をみたい。

えがわ　画韋

鹿の揉韋（もみかわ）の白地に画様を染め出した工芸用材。武具・馬具の包み韋をはじめ、袋物・韋緒の類に用いる。『延喜式』内蔵寮には、大宰府から供進の年料の雑染革百六十張の中に、画革二十張がみえ、中世以降も肥後の画韋が著名である。『相良家文書』には、正元二年（一二六〇）の人吉荘の地頭注出の雑物の本員数として「染韋陸枚半」がみえ、肥後の八代から染め出した画韋は八代韋として尊重され、その製作は江戸時代の末にまで及んだ。…（中略）…正平六年（一三五一）六月一日の日付を入れた型を正平韋と呼んで使用するのが普通となり、南朝年号から征西将軍宮懐良親王の免許の染型によると称して御免韋ともいった。…（中略）…江戸時代の八代韋は、正平韋に似せて天平十二年（七四〇）八月の日付を入れ、楊梅皮（ももかわ）の類で染めて天平韋と呼び、古様の復元の武器の愛好者たちに喜ばれた(1)。

八代地方では古代から画韋（染韋）を産しており、正平年号の銘があるものを正平韋、天平年号の銘があるものを天平韋と呼んでいるという。古代文化が花開いた天平時代。筆者はその年号を用いる天平韋なるものについて興味を抱いた。本節では、なぜ「天平」韋なのかを考えてみたい。

八代産の染韋については、八代市立博物館が特別展に際して刊行した図録『さまざまなる意匠―染韋の美―』が研究の到達点を示している。筆者もこの図録に導かれながら、天平韋について思うところを述べてみたい。

なお、カワについては『大字典』によれば、「皮」は剝ぎ取ったままのカハ。「革」は毛を去りさったもの。「韋」はナメシガハとある。このような意味から、本節では「韋」字を用いることとする。

一　天平韋とは

はじめに『日本国語大辞典』での説明をみておきたい。

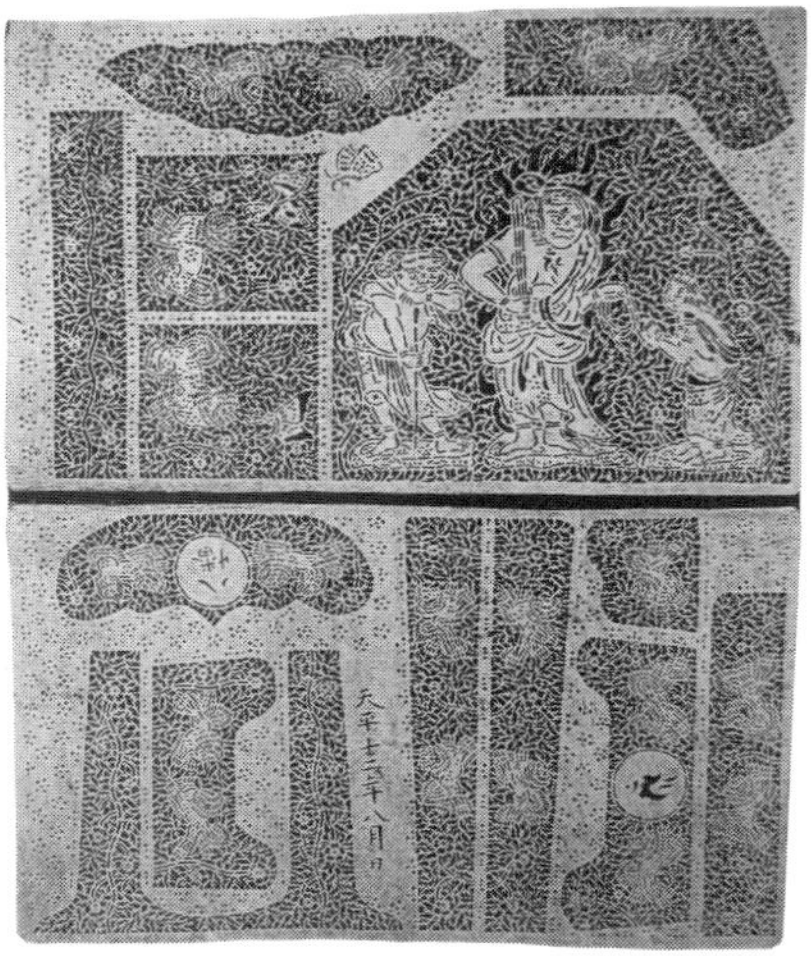

天平韋　50.5cm ×40.0cm（八代市立博物館未来のミュージアム蔵『さまざまなる意匠』八代市立博物館1992より）

てんぴょう-がわ【天平革・天平韋】
絵革（えがわ）の一種。江戸時代、白革地に楊梅皮（ももかわ）で藻獅子（もじし）・不動尊の像などの模様を染め出し、また、八幡の二字、梵字、および天平十二年八月の七文字を染め出したもの。正平年間（一三四六～七〇）に染め出された正平御免革にならって古様に染め、愛好家に珍重された。(2)

また、福原透氏は次のように述べる。

天平韋の創出年代は江戸時代の初頭頃において大過ないであろう。他国産のそれについても、管見の及ぶかぎりでは、近世をさかのぼる遺品は紹介されておらず、天平年号をいれる染韋の意匠は、江戸時代以降のものとする先学の指摘通りであろう。(3)

これらから、天平韋は決して天平時代の所産ではなく、江戸時代以降に創出されたものであるということは共通して理解されていたと分る。しかし、なぜ江戸時代に古代の天平年号を用いた染韋が創られたのであろうか。

さらに、福原氏は天平年号が用いられていることについて、

天平年号が特に選ばれたのはなぜであろうか。それは多分、正平韋より後に作られた染韋を、正

平韋以上に価値あるものとして位置づけようとする場合、より古い年号を用いるのが得策だったからであろう。多くの古年号の中で、特に天平を選んだのは、天平年号に何らかの付加価値があったためであろう。久能山東照宮所蔵染標本のうち、獅子牡丹文様の弦走用のものには、「写上　天平之古法」と書かれている。あるいは、染韋の世界に天平に関わる何か言い伝えでもあったのだろうか。年月日について、どういう意味であるか説くものはあるが、無論臆測の域を出ていない(4)と述べる。天平年号が用いられる理由について「無論臆測の域を出ていない。」と。

なぜ江戸時代に天平年号を用いた染韋が八代で創られるようになったのか。それを探るためには天平韋の登場時期を明らかにしなければならない。

二　天平韋の登場時期

八代の染韋については興味深い「伝説」がある。蓑田勝彦氏は、

八代染革は、江戸時代の八代地方では「御免革」とよばれていたようである。その御免革の起源については、ほとんどの記録に「正平六年（一三五一）六月一日に八代郡の人が同郡古閑村の石橋で霊符板とともに御免革の板を拾い、それを白木山妙見社に奉納した。その革板を妙見社前宮の町の人に与えて染めさせたのが起りである」という趣旨の伝説が記されている(5)。

と述べる。この「伝説」について、最も古い年紀をもつ史料は『肥後州八代御免革記』である。

世有名御免革、…（中略）…一枚者（天）平十二庚辰年八月所雕、…（中略）…此外有一枚、正平

六年丁巳六月一日開板、今所染是也、…（中略）…本朝卯（印）板者起于肥後州八代郡、（郡）人正平六年丁丑六月一日得此板於郡内古閑村石橋、開匣窺之有霊符図像幷御免革板、…（中略）…

延宝五丁己季春　白木山

法印良尋　誌焉(6)

天平韋・正平韋の染型が正平六年に発見されたという内容である。天平韋・正平韋の由来を説いているのであるが、これまでに見てきたように、正平六年の時点で天平韋が存在しているはずはない。いずれの時にか天平韋・正平韋の染型が正平六年に発見されたという「伝説」がつくられたのであろう。

染型の発見「伝説」、八代の染韋の来歴が創られた経緯を考える上で重要な記録がある。八代の御免革師牧良助が記した『役員蹟覧』には次のようにある。

天平正平革之由来、享保五年土井伊予守様より御尋有之候付、其節吟味有之候処、宮ノ町了空と申もの正平年ニ染初候由、良助方江右迄申伝何之記録をも無之由、然処良助祖父代差出候先祖附ニハ〔割注〕市井雑録記録」牧兵庫と申もの染初候と有之、其外□多近年ニ作り立たる儀ともニてハ有之間敷哉、同所神宮寺之旧記左ニ記之

人皇九十五代後醍醐天皇之御宇、正平六年巳亥六月一日ニ霊符図像ノ金板幷御免革ノ模ヲ、八代城辺古閑村ノ橋上ニ於テ求得タリ、世間ニ是ヲ天ヨリ降ルト云々、然シテ感得ノ便是ヲ妙見社ニ安置ス、其金板ハ何レノ代誰人彫初タルト云事不知、又是ヨリ先人皇四十五代聖武天皇ノ御宇天平十二年庚辰、白木山神宮寺ニテ板行ス、(7)

享保五年（一七二〇）、土井伊予守から天平韋・正平韋の由来について尋ねがあった。この質問に対

し、牧良助は神宮寺の旧記なるものをもって八代染韋の歴史を説明しているのである。ここに見える八代韋の由来を尋ねた土井伊予守は、土井利意《としもと》（一六六四～一七二四）で、正徳四年（一七一四）に伊予守となる人物である。土井利意については『寛政重修諸家譜』二九八、享保四年（一七一九）九月一日に、

　寺社にたまはる御判物、御朱印の事をうけたまはりしにより、時服五領をたまふ。

とある。下された時服のいずれかに天平韋か正平韋が用いられていたのではなかろうか。正平年号、あるいは天平年号に興味を抱いた土井利意が、染韋の産地である八代にその由来を尋ねたのであろう。この際に八代染韋の由来を説く先の『肥後州八代御免革記』が創られたのであろう。

一方、確実に天平韋の存在が確認できるのは享保四年（一七一九）の『御奉行所覚帳』である。

　享保四年九月
　一、八代染革御献上之儀ニ付、当年より左之通相極段、御用人衆被申聞候趣左ニ記八月十六日於江戸井上河内守様へ御留守居被召寄御渡被成候御書付左之通、但此儀ニ付委細之趣、不時伺帳ニ記有之也
　一、天平革　五枚
　一、正平革　五枚
　一、小紋染革色々　五枚
　都合拾五枚
先規者革五拾枚毎年被差上候得共、此度より書面之通毎年可被献候、唯今迄絹縮三拾端被献候得共、

革献上相止候ニ付而之事候者、向後縮不及献上候(8)

これによれば、享保四年に江戸の井上河内守へ天平韋五枚が届けられている。井上河内守は宝永二年（一七〇五）九月に老中、従四位下河内守に任じられた井上正岑《まさみね》（一六五三〜一七二二）である。老中として八代からの染韋を受け取る立場だったのだろう。これが天平韋の存在が確認できる最古の確実な史料である。

一方、天平韋を用いている最古の作品は東京・永青文庫に所蔵されている三代熊本藩主細川綱利《つなとし》（一六四三〜一七一四）所用の「紅糸威鎧《おどしよろい》」とされているので(9)、文字記録と矛盾するところはない。

三　「天平十二年八月日」の出来事

なぜ「天平十二年八月日」が用いられているのかは未だ不明のようである。天平年号から一旦離れ、天平一二年（七四〇）八月に起こった歴史上の出来事をみていくことにする。

『続日本紀』によれば、天平一二年は朝廷に反旗を翻した藤原広嗣（?〜七四〇）の乱が起きた年である。

広嗣は藤原宇合（六九四〜七三七）の長男であり、藤原四家のうち式家の中心人物として藤原氏の再建を目指していた人物である。橘諸兄や玄昉・吉備真備と対立し、藤原氏内部でも孤立した。そのため、天平一〇年（七三八）一二月に大宰府の少弐に左遷される。広嗣は天平一二年八月二九日に朝廷に上表文を提出し、玄昉と吉備真備を非難し、挙兵する。これに対して朝廷側は九月三日に五道の軍一万七千人を動員し鎮圧にかかり、同年一〇月二三日、広嗣は肥前国松浦郡値嘉嶋長野村で捕えられ、一一月一日に斬殺される。

ここで注目されるのは天平一二年（七四〇）八月二九日に広嗣が朝廷に対して上表文を提出していることである。上表文の内容については残念ながら『続日本紀』に記すところはない。しかし、天平韋が天平韋たる所以の「天平十二年八月日」は藤原広嗣が当時の朝廷のありように対して具体的な行動を起した年月日なのである。

天平韋の「天平十二年八月日」と藤原広嗣が朝廷に対して上表した天平一二年八月二九日とは関係があるのか、否か。以下、危い綱渡りになるかもしれないが、歴史の糸を手繰ってみたい。

四　藤原広嗣の上表文の「発見」

『続日本紀』が逆賊として描く藤原広嗣を肯定的にとりあげ、天平一二年八月二九日に朝廷に出した上表文を紹介するのは『大日本史』である。

『大日本史』五、巻一一七、列伝二の「藤原広嗣」には次のようにある。

生而魁偉、頭上肉角寸余、博覧典籍、兼通仏教、武芸絶倫、練習兵法、其余天文陰陽之書、管絃歌舞之技、咸究精微、以才能称〔割注〕松浦社本縁起」

「松浦社本縁起」を引いて広嗣の人物像を述べる。頭に肉角があるというのはともかく、典籍に対する教養、武芸や兵法に長けていることなど、『大日本史』は広嗣を傑物として描いているのである。

続けて『大日本史』は、

> 十二年八月上表、斥政事之得失、陳天地之災異、請除玄昉真備続日本紀曰、臣聞（以下、広嗣の上表文は省略）松浦社本縁起

と、現行の活字本で一九〇五文字の分量をもって、「松浦社本縁起」から引用した広嗣の「上表文」を掲げる。

藤原広嗣の上表文を紹介する『大日本史』は水戸藩主徳川家が編纂し、明治以降は同家が事業を継続し完成させた歴史書である。明暦三年（一六五七）に徳川光圀が江戸神田に史局を設け、修史事業を開始する。寛文一二年（一六七二）史局を小石川に移し、彰考館と命名し、各地から学者を集め、史料収集を行う。天和三年（一六八三）までに神武から後醍醐までの「新撰紀伝」一〇四巻が完成するも、その後、改訂作業と史料調査が続き、ようやく明治三九年（一九〇六）四〇二巻として完成する。私たちが手に取ることのできる活字本は、明治四四年（一九一一）～大正七年（一九一八）に吉川弘文館から刊行されたものである。

『大日本史』が引く「松浦社本縁起」は、『群書類従』第二輯、巻二五に所収される「松浦廟宮先祖次第幷本縁起」である。「松浦廟宮先祖次第幷本縁起」について『群書解題』（西田長男）によれば、本書の成立は鎌倉時代で、肥前東松浦郡（現・佐賀県唐津市）に鎮座する鏡神社（一宮は息長足姫命、二宮は藤原広嗣を祀る）の縁起書とある。

『大日本史』の編纂過程において、史料収集者が「松浦廟宮先祖次第幷本縁起」に出会い、この中に『続日本紀』には記されていない藤原広嗣の上表文を「発見」したと判断せざるをえないのである。

次に『大日本史』編纂にともなう史料収集過程と、「松浦廟宮先祖次第幷本縁起」との接点を探ってみたい。

五　『大日本史』編纂過程における史料収集

『大日本史』編纂過程で特筆すべきは広範囲な史料収集活動である。これまでの研究で、具体的な史料収集の足どりがほぼ明らかにされている。調査の概要は次のとおりである。

延宝四年（一六七六）京都方面
延宝六年（一六七八）京都方面、奈良方面
延宝八年（一六八〇）吉野方面、奈良方面
天和元年（一六八一）醍醐寺、京都、奈良、東大寺
天和三年（一六八三）須賀川の相楽家結城文書
貞享二年（一六八五）九州、中国、北陸地方、京都大徳寺、妙心寺
貞享三年（一六八六）河内志貴の毘沙門堂、和泉、堺方面
貞享四年（一六八七）伊勢方面
元禄二年（一六八九）京都、奈良方面
元禄四年（一六九一）陸奥、出羽方面
元禄五年（一六九二）京都、奈良方面

このような史料収集の過程において、藤原広嗣の上表文を掲載する「松浦廟宮先祖次第幷本縁起」や、この縁起を所蔵していた肥前国東松浦郡に鎮座する鏡神社と接触する可能性があるのは貞享二年（一六八五）の九州での史料調査である。

この時の調査は貞享二年四月二六日に江戸を出発し、京都・大坂を経て六月七日に下関から小倉に入る。その後、九州各地を回り、八月一八日に小倉を出て下関に向かう。二カ月以上にわたり九州の各所で史料調査を行っている。さらに中国地方、瀬戸内、越前などを調査し、江戸に戻ったのは一一月六日であった。このような七カ月にわたる長期の史料調査を担当したのは佐々宗淳《さっさそうじゅん》（一六四〇〜九八）と丸山可澄《よしずみ》（一六五七〜一七三二）の二名である。丸山可澄は九州での訪問地を詳しく記した『筑紫巡遊日録《つくしじゅんゆうにちろく》』（国立国会図書館蔵）を残している。

『筑紫巡遊日録』によると貞享二年の九州での史料調査の概要は以下のようである。六月七日に豊前小倉に到着後、一六日筑前・筑後、一七日肥前、二八日肥後、七月七日薩摩、一九日大隅、二一日日向、八月五日肥後、一四日筑後、一五日筑前、一七日豊前、一八日に小倉から下関というルートである。

このうち肥前での行程は

六月一七日　府中―大善寺村―柳川　夜、柳川から肥前諫早まで船
六月一八日　諫早―矢上―辺見―長崎　（一八〜二三日長崎）
六月二四日　長崎―茂木
六月二五日　茂木―小早崎湊
六月二六日　口ノ津湊

六月二十七日　出船し肥後へ

である。「松浦廟宮先祖次第幷本縁起」を所蔵していた肥前東松浦郡に鎮座する鏡神社には立ち寄ってはいないのである。

そうすると『大日本史』はどのような状況で「松浦廟宮先祖次第幷本縁起」を知り、藤原広嗣の上表文にたどり着いたのであろうか。

六　「松浦廟宮先祖次第幷本縁起」の伝本から分かること

『群書解題』で西田長男氏は次のように述べる。

この「松浦廟宮先祖次第幷本縁起」の伝本としては、管見に触れたのは、わづかに内閣文庫所蔵の諸社縁起文書、第五冊、に収める一本があるのみであった。明治十二年、修史館において水戸彰考館文庫所蔵本を書写したのにかかり、おそらく類従本の底本もこの彰考館本であったろう。…（中略）…なお、大日本史にあっては、本書の所伝をすこぶる重要視し、ことに広嗣の上表文についてはこれに厳密な校訂を加えて全文を掲載している。

水戸の彰考館に「松浦廟宮先祖次第幷本縁起」の写本があり、これを明治一二年（一八七九）に修史館（現・東京大学史料編纂所）が書写しているのである。水戸彰考館に蔵される写本が『群書類従』の底本であろうと推測している。

また、坂本太郎氏は、

> 内閣文庫本は、私も寓目の機会を得たが、それは『諸社縁起文書』と題する八冊本の第五冊に収められたものである。『諸社縁起文書』は、修史局が明治十二年七月、水戸の彰考館本をもって写した新写本である。『松浦廟宮先祖次第并本縁起』の奥書にも、「明治十二年七月以徳川昭武彰考館蔵本謄写」とあって、それ以外の本奥書は一つもない。(10)

と述べる。

先にみてきたように、水戸から派遣された佐々宗淳と丸山可澄は、「松浦廟宮先祖次第并本縁起」を所蔵していた肥前の鏡神社には立ち寄ってはいない。しかし、水戸の彰考館には「松浦廟宮先祖次第并本縁起」の写本が蔵されているのである。どのようにして彼らは「松浦廟宮先祖次第并本縁起」を知り得たのであろうか。

熊本での史料調査の状況について但野正弘氏は、

> 宗淳一行が訪れた九州の地、中でも熊本は、宗淳の本家ともいうべき佐々成政以来のゆかりの地、そして母方の実家大木家のある土地である。特に大木家の人々からは、大変な歓迎と協力を得たようである。当時の熊本の領主は細川越中守綱利、その家老の一人が五千石取の大木《おおき》舎人《とねり》兼近《かねちか》で、宗淳のいとこの子に当たる。『筑紫巡遊日録』や『史館旧話』を見ると、肥後国内案内役五人の一人に、家老大木舎人の家来小川重衛門が記されており、…（中略）…領主の細川家や大木家、その他の親族縁者から受けた心からの歓迎と協力は、重大な使命を帯びた宗淳にとって、言葉では言い尽くせぬ大きな力となったことであろう。(11)

と述べる。

佐々宗淳と丸山可澄は、先に確認したように直接鏡神社には行っていないが、当時の熊本領主細川綱利をはじめとする多くの協力者の助けにより「松浦廟宮先祖次第幷本縁起」の存在を知ったのではなかろうか。その中に藤原広嗣の上表文が記されているのを「発見」したと考えざるを得ない。「松浦廟宮先祖次第幷本縁起」に記された内容から『続日本紀』とは異なる藤原広嗣像を知り、これを周囲の人々に伝えたに違いない。

まとめにかえて

最も重要な佐々宗淳・丸山可澄と「松浦廟宮先祖次第幷本縁起」との出会いは実証できておらず、状況証拠をつないだにすぎないことは否めないが、これまで述べてきたことを時系列に整理すると以下のようになる。

①『大日本史』編纂における史料収集の途上、佐々宗淳・丸山可澄らは貞享二年（一六八五）六月、熊本の人々の協力により、鏡神社に伝わる「松浦廟宮先祖次第幷本縁起」（松浦社本縁起）の存在を知る。

②「松浦廟宮先祖次第幷本縁起」の中に『続日本紀』に記述されていない藤原広嗣の上表文が記されていることを「発見」する。

③上表文の発見により、佐々宗淳らは『続日本紀』が逆賊として描くのとは異なる、傑物としての広嗣像を知る。

④三代熊本領主細川綱利をはじめとする周囲の協力者に、上表文の「発見」と、その内容を伝える。これ以降、九州地方では『続日本紀』が描く逆賊ではない、新たな広嗣像が生まれる。

⑤「松浦廟宮先祖次第幷本縁起」によって傑物としての広嗣像を知ったことにより、地元名産の八代染韋の意匠に、広嗣が朝廷に上表文を出した「天平十二年八月日」が採用されることとなる。

⑥したがって、「天平韋」が創出されるのは、佐々宗淳・丸山可澄らが「松浦廟宮先祖次第幷本縁起」の中に広嗣の上表文を「発見」した貞享二年（一六八五）以降である。

⑦上表の年月である「天平十二年八月日」のみが用いられ、当人の藤原広嗣が出てこないのは、正史では逆賊として描かれているため、直接に名前を出すことははばかられたのであろう。

⑧結果的に広嗣の上表文の「発見」に結びついた熊本の協力者のトップ、細川綱利が天平韋を用いた鎧、伝世品としては最古の作である「紅糸威鎧」（東京・永青文庫）を所持するようになったのは自然な成り行きの中で理解することができよう。

⑨その後、享保四年（一七一九）の『御奉行所覚帳』に「天平革　五枚」が記されるように、天平韋は正平韋とともに熊本八代の特産品となる。この頃、おそらく八代韋を用いた「時服」を拝領した土井利意の質問に応える形で、正平韋・天平韋の発見「伝説」が作られたのであろう。

「天平十二年八月日」の意匠が用いられた染韋、天平韋が創られるようになった経緯を、佐々宗淳・丸山可澄らが『大日本史』の史料収集過程で、肥前鏡神社の「松浦廟宮先祖次第幷本縁起」の中に広嗣の上表文を「発見」し、正史とは異なる広嗣像を知ったことに求めてみた。

蛇足ながら、かの折口信夫が天平韋と藤原広嗣の関係を熟知していたことを紹介したい。『萬葉集辞典』では「ふぢはら-の-ひろつぐ」の項で、

広嗣は、博く典籍に亘り、仏教に通じ、武芸絶倫で、兵法に練達しており、其上、天文・暦・管絃・歌舞の技芸までも精微を究めて、才能を以て称せられて居た。少弐の官でゐて、中央政府と争うた位だから、人物の程も察せられる。(12)

と記している。

また、「死者の書」の初稿本が雑誌誌上で出版された際(13)、折口は自分で綴じ、表紙をつけた自装本を作っている。この本の表紙には「天平十二年八月」と「八」の文字と獅子が描かれる。天平韋に特徴的な不動明王が描かれていないものの、「天平十二年八月」は天平韋の「天平十二年八月日」であり、「八」は「八幡」であることは明白である。(14)折口が天平韋の意匠をもとに、自装本の表紙をデザインしているのである。「死者の書（正篇）」の中で、東大寺の四天王、広目天像をめぐる噂についての記述がある。

実は、ほんの人の噂だがの。噂だから、保証は出来ないがの。義淵僧正の弟子の道鏡法師に似てるがやと言ふぞな。…（中略）…けど、他人に言はせると、――あれはもう十七年にもなるかいや――筑紫で伐たれなさつた前太宰少弐――藤原広嗣――の殿に生写しぢやとも言ふがいよ。

と綴る。前後の文章からは藤原広嗣を出さずともよい気もするが、折口はあえて広嗣を登場させるのである。折口自身が天平韋の意味について語るところはない。しかし、自装本の表紙のデザインを天平韋に求めていることは、天平韋の「天平十二年八月日」文字の意味を、藤原広嗣が朝廷に対して上表文を

出した日として理解していたことは間違いない。

註

（1）鈴木敬三「えがわ　画韋」の項目（『国史大辞典』二巻　吉川弘文館　一九八〇年）。
（2）「てんぴょう-がわ【天平革・天平韋】」の項目（『日本国語大辞典　第二版』小学館　二〇〇一年）。
（3）福原透「日本染韋史の流れと八代染革」（『さまざまなる意匠―染革の美―』八代市立博物館　一九九二年）。
（4）福原前掲註（3）論文。
（5）蓑田勝彦「史料に見る八代染革」前掲註（3）書。
（6）「八代染韋関係史料」前掲註（3）書。
（7）前掲註（6）。
（8）福原前掲註（3）論文。
（9）福原前掲註（3）論文。
（10）坂本太郎「藤原広嗣の乱とその史料」（『古典と歴史』吉川弘文館　一九七二年）。
（11）但野正弘「史臣宗淳の活動」（『新版　佐々介三郎宗淳』一四七〜四八頁　錦正社　一九八八年）。
（12）『萬葉集辞典』、初出は一九一九年。『折口信夫全集』六巻（中央公論社　一九五六年）所収。
（13）『日本評論』一四―一〜三（一九三九年）。安藤礼二編『初稿・死者の書』（国書刊行会　二〇〇四年）による。
（14）『新潮日本文学アルバム折口信夫』（新潮社　一九八五年）四八頁には、自装本表紙のカラー写真が掲載されている。

〔参考文献〕

重野安繹　一九〇二年『右大臣吉備公伝纂釈』上巻
相田二郎　一九三九年「江戸時代に於ける古文書の採訪と編纂」（『本邦史学史論叢』下巻　冨山房）
宮田俊彦　一九六一年『吉備真備』（吉川弘文館）
吉原亀久雄　一九七五年「佐々宗淳」一～四（『熊本新評』創刊～四号）
栄原永遠男　一九八三年「藤原広嗣の乱の展開過程」（『大宰府古文化論叢』上巻　吉川弘文館）
辻　憲男　一九九六年「藤原広嗣の上表文を読む」（『神戸親和女子大学研究論叢』三〇号）
山﨑猛夫　二〇〇〇年「藤原広嗣の乱」（『唐津・東松浦の歴史』上巻　松浦文化連盟）
但野正弘　二〇〇六年「大日本史編纂と史料蒐集の苦心」（『水戸史学の各論的研究』慧文社）
但野正弘　二〇〇八年『助さん・佐々介三郎の旅人生』（錦正社）

初出一覧

Ⅰ　新たな史料から見える世界

1　新たに確認された摂津国風土記逸文
（原題「摂津国風土記の逸文について」『続日本紀研究』二七四号　一九九一年四月）

2　四天王寺蔵　大和国牒をめぐって
（原題「史料探訪（1）―四天王寺蔵　大和国牒―」『大阪の歴史と文化財』三号　一九九九年七月）

3　覚峰著『難波津宮幷大郡小郡考』について
（原題「史料探訪（4）―天理図書館蔵『難波津宮幷大郡小郡考』―」『大阪の歴史と文化財』六号　二〇〇〇年八月）

4　難波往古図の背景
（原題「難波往古図」『大阪春秋』一三五号　二〇〇九年七月）

5　摂津国百済郡の記憶
（原題「百済郡の記憶―近世の百済郡史料―」『大阪の歴史と文化財』創刊号　一九九八年一〇月）

6　摂津国榎津寺をめぐる新史料
（原題「『界府墨江紀略』所収　朴津寺記」『大阪の歴史と文化財』一三号　二〇〇〇年三月）

Ⅱ　正倉院宝物をめぐって

1　大阪府立中之島図書館『正倉院文書印踏集』
（原題「史料探訪（3）―府立中之島図書館『正倉院文書印踏集』―」『大阪の歴史と文化財』五号　二〇〇〇年三月）

2　蘭奢待の截香者

（原題「蘭奢待についての覚書き」『大阪市文化財協会研究紀要』四号　二〇〇一年三月）

3　正倉院宝物盗難事件に関する新史料
（原題「正倉院宝物盗難事件に関する一史料—大阪府立図書館蔵『南都東大寺宝物』について—」『大阪歴史博物館研究紀要』一二号　二〇一四年二月）

4　元禄時代の文化と情報
（原題「元禄時代の文化と情報—元禄6年（1693）正倉院開封をめぐって—」『由良大和古代文化研究協会研究紀要』五集　一九九九年七月）

5　正倉院宝物と忠臣蔵
（原題「奈良と忠臣蔵—〈蘭奢待〉を巡るつながり」『奈良新聞』「民俗通信」一〇二　二〇〇二年一二月六日）

Ⅲ　聖徳太子と法隆寺の周辺

1　唐本御影の果たした役割
（原題「唐本御影の伝来過程をめぐって—背負わされた法隆寺での役割—」武田佐知子編『太子信仰と天神信仰』思文閣出版　二〇一〇年五月）

2　聖徳太子墓の新史料
（原題「聖徳太子墓の一史料をめぐって—江戸時代の文化財活用—」『大阪歴史博物館研究紀要』三号　二〇〇四年一〇月）

3　法隆寺開帳に関する新史料
（原題「法隆寺開帳に関する一史料—中西文庫『斑鳩ミやげ』について—」『大阪歴史博物館研究紀要』一一号　二〇一三年二月）

Ⅳ　モノをとりまく情報

1　金石文研究史の一齣

（原題「金石文研究史の一齣―諸葛琴台『古碑考』について―」『続日本紀研究』二六八号　一九九〇年四月）

2　『那須湯津上碑』に見る兼葭堂の研究姿勢

（原題「徳島県立図書館蔵『那須湯津上碑』について―木村兼葭堂の金石文研究の一齣―」『大阪歴史博物館研究紀要』二号　二〇〇三年九月）

3　石上神宮鉄盾観察記

（原題「石上神宮鉄盾観察記―適切な展示によって判ったこと―」『大阪歴史博物館研究紀要』四号　二〇〇五年一〇月）

4　石川年足墓誌の発見と情報の伝播

（原題「石川年足墓誌の発見と情報の伝播―関連史料の紹介を兼ねて―」『大阪歴史博物館研究紀要』五号　二〇〇六年一〇月）

5　天平韋が語る新たな歴史像

（原題「天平韋についての臆説―『天平十二年八月日』に込められた意味―」武田佐知子編『交錯する知』思文閣出版　二〇一四年三月）

あとがき

一九七五年四月、大阪に全く縁のない東京亀有生まれの私が、大阪市立大学文学部（二部）に入学した。古墳や法隆寺・薬師寺など考古学や古代史に関する事に興味をもっていたので、高校時代の長期休暇の際にはたびたび奈良・大和を訪れていたため、奈良に隣り合う大阪に来ることにはさほど抵抗はなかった。

古い時代に興味をもっていたので、大学では考古学でも勉強しようかと漠然と考えていた。考古学教室がある東京の私立大学もいくつか受験したが、私は大学側の望むような人材でなかったようで、ことごとく不合格であったが、何とか市大の二部に合格することができた。しかし、当時の市大文学部には考古学の教室はなく、考古学を勉強をすることは不可能であった。考古学の教室がなかったことは、今になってみると、私にはよかったように思える。考古好きの若造が、夕刻の授業まで自由な時間があれば、発掘現場でアルバイトをし、きっと考古学気どりとなっていたことだろう。

大学を卒業したのは一九八〇年三月。八二年七月に（財）大阪市文化財協会の発掘の調査員として採用していただいた。大阪市内の埋蔵文化財の発掘調査にあたることとなったが、私はやや斜に構えていて、自分は考古学ではない。知りもしないくせに文字史料を基本にして歴史を勉強したいと考えていた。

こんな私を大きく変えたのは関西空港開設に伴って埋蔵文化財の調査を行う（財）大阪府埋蔵文化財協会に一九八六年に派遣された時の体験である。この埋蔵文化財協会には近畿一円の自治体から考古学の担当者が派遣されていた。そこには活字をとおして知っていた若き考古学徒も沢山いた。発掘した資料を整理するにあたっては、当たり前のように考古学の通例、出土した遺物の整理をしなくてはならない。私も例外ではなかった。まずは目の前にある土器の実測をしなくてはならない。文献史学も考古学も関係ない。一年間の出向期間だったので、後半の数カ月は、毎日毎日土器を実測した。特別に土器の勉強をしてこなかった私だが、毎日毎日土器を観察することによって、製作の手順とか、製作の技法のようなことについて、それなりに気づくこともあった。すでに土器研究者として名前の知れている先輩に、私が土器を観察して気づいた事をたびたび尋ねた。適切な助言も多く頂いたが、「そんなこと気付かなかった」という返答もあった。モノ（大地に刻まれた遺構もふくめて）の観察に基づく考古学の研究方法の重要性を、この出向の一年間で学ぶことができた。私の人生にとって画期となる一年間であった。

考古資料である土器や埴輪、文献史学で研究材料となる文字で書かれた史料、絵図も私にとってはモノであり、過去を考え・復元していく材料としては同じ感覚である。モノとモノ、モノに係わる人との関係から、自分の語りたい内容がどこまで実証できるのか。実証できなければ歴史学ではない。しかし、モノによって実証できることは極めて少ない。土器であれ、文書であれ、絵図であれ、現在に残っているものは本来あったはずの量と比較すれば極僅かである。実証できることより、実証できないことの方がはるかに多いはずである。

どこまでが実証できて、実証できない部分がどこか、ということを自覚することが必要である。周辺は固めたのだけれども、この部分だけはどうしても実証できない。これくらいならエイっと溝を飛び越えてもよかろうと思った時、飛び越える溝の幅が狭ければ、読者の批判は小さいはずである。あまりに実証できない部分が大きいと、無謀に大河を渡らなくてはならない。むこう岸に到着できず、助けの手もないままに流れに流され、行方不明となってしまう。実証できない部分の幅を知りながら、どうしてもの時は勇気をもって向こう側へ飛ばざるを得ない。私が心がけてきたことである。果たして私の思いがこの本で実現しているか否かは、読者のご判断によるしかない。

歴史への興味のあり方は人によって異なる。一つの事象に着目して、それが生成し、発展、さらに成熟して、そして徐々に衰退し、消滅するといった時間の経過の中で考え、歴史を復元するといったやり方がある。一方、同時代の中でいろいろな物事、人々が絡み合い、影響し合っている様子を解きほぐしながら歴史を復元するやり方もあるだろう。私の歴史に対する興味は後者である。いわば時代を輪切りにして、さまざまな事象の関連を明らかにしたいのである。こんなやり方が本書で結実しているか否かについても、やはり読者にご判断していただく他はない。

二〇一七年三月に定年退職をむかえた。大学卒業後の三七年間の成果としてはいささか淋しい一書であるが、定年後の第二の人生に入るにあたって、自分の過ごしてきた歴史の一部を著作としてまとめた次第である。

自身の過去を一書にまとめることなど思っていなかった。このような形になったのは栄原永遠男先生の強い勧めによるものである。直接の教え子ではない私に対し、強力なご指導を賜ったことに深く感謝せざるを得ない。

伊藤　純

著者略歴

伊藤　純（いとう　じゅん）

1956年　東京亀有生まれ
1975年　埼玉県立春日部高等学校卒業
1980年　大阪市立大学　２部文学部卒業
1982年　（財）大阪市文化財協会　調査員
1997年　大阪市教育委員会　文化財保護課
2005年　大阪歴史博物館
2017年　定年退職

歴史探索のおもしろさ―近世の人々の歴史観―　**和泉選書185**

2017年４月１日　初版第一刷発行

著　者　伊藤　純

発行者　廣橋研三

発行所　和泉書院

〒543-0037　大阪市天王寺区上之宮町７－６
電話06-6771-1467／振替00970-8-15043
印刷・製本　亜細亜印刷
装訂　井上二三夫

ISBN978-4-7576-0834-4　C1321　定価はカバーに表示

―― 和泉選書 ――

賢治・南吉・戦争児童文学　教科書教材を読みなおす	木村　功 著	171	品切
江戸川乱歩作品論　一人二役の世界	宮本和歌子 著	172	三〇〇〇円
山本有三研究　中短編小説を中心に	平林文雄 著	173	三八〇〇円
日本語に関する十二章　詫びる?・詫びない?・日本人	工藤力男 著	174	一八〇〇円
まど・みちお　懐かしく不思議な世界	谷　悦子 著	175	二二〇〇円
ロドリゲス日本大文典の研究	小鹿原敏夫 著	176	三〇〇〇円
日本近代文学におけるフロイト精神分析の受容	新田　篤 著	177	二二〇〇円
平安文学の本文は動く　写本の書誌学序説	片桐洋一 著	178	二三〇〇円
大化の改新は身近にあった　公地制・天皇・農業の一新	河野通明 著	179	三三〇〇円
日本書紀と古代の仏教　日野昭論文集 I	日野　昭 著	180	三〇〇〇円

（価格は税別）